Michael Richardson & Juan Zuccarelli
ERWECKUNG HINTER GITTERN

Michael Richardson
& Juan Zuccarelli

Erweckung
hinter Gittern

*Ein argentinisches
Hochsicherheitsgefängnis wird
auf den Kopf gestellt*

Projektion J Buch- und Musikverlag, Asslar
Campus für Christus, Zürich

Titel der Originalausgabe:
Revival behind Bars

© 1995 by Michael Richardson
Published by Professional Word Publications, Inc.
5009 West Royal Palm Road, Glendale, Arizona 85302, USA

© 1997 der deutschen Ausgabe
by Projektion J Buch- und Musikverlag

Das Buch erscheint in Koproduktion mit Campus für Christus, Zürich.

Auf der Grundlage der neuen Rechtschreibregeln.

ISBN 3-89490-150-0

Übersetzung: Benita Chemnitz,
Eva Eckmiller (Gott und Mensch hinter Gittern)
Umschlaggestaltung: Michael Wenserit
Satz: Projektion J Buch- und Musikverlag
Druck: J. Ebner Ulm, Graphische Betriebe GmbH & Co. KG, 89075 Ulm

INHALT

VORWORT

Der eindrücklichste Gottesdienstbesuch meines Lebens

Ein beklemmendes Gefühl überkommt mich, als wir, eine Gruppe von Schweizern und Deutschen, durch die Sicherheitskontrollen hindurchgegangen sind. Ich befinde mich zum ersten Mal innerhalb von Gefängnismauern. Aus Fensterlöchern winken uns Gefangene zu, als uns Pastor Zuccarelli durch das Gefängnisareal in die ursprünglich für Katholiken gebaute Gefängniskapelle führt.

Der Raum ist überfüllt mit jungen Männern. Dicht gedrängt knien sie am Boden und beten mit deutlicher Hingabe. Für Stühle oder Bänke ist hier kein Platz mehr. Nur für uns haben sie Bänke hingestellt. Aus rund 1 200 Männerkehlen (aus Platzmangel können nicht alle Christen an jedem Gottesdienst teilnehmen) ertönt mächtiger Lobpreis. In einer Ecke sind drei Planschbecken aufgestellt. In diesen werden während des Gottesdienstes 450 Häftlinge auf den Namen Jesu getauft. Wer von uns Gästen will, darf ein Grußwort an die Gemeinde richten. Dann werden wir nach vorne gerufen. Die Ältesten der Gemeinde, fast ausschließlich Häftlinge, beten dafür, dass wir »brennende Werkzeuge« für eine Erweckung in der Schweiz und Deutschland werden. Auch im Hintergrund beten die über tausend Gläubigen für eine Erweckung in unseren Ländern. Bevor wir das Gebäude verlassen, werden wir noch mit Selbstgebasteltem beschenkt.

Das Erlebnis ist überwältigend. Wir sind alle tief berührt. Es kommt mir vor, als habe ich geträumt. Als freie und im Vergleich zu den Häftlingen wohlhabende Christen kommen wir an diesen Ort der Gewalt und werden gesegnet, ermutigt und beschenkt! Erweckung an einem der dunkelsten Orte der Welt!

Das weckt große Erwartungen in mir. Wenn so etwas in diesen Gefängnis möglich ist, dann gibt es auch in der Schweiz und anderen Ländern keinen Ort und keinen noch so tiefen Abfall von Gott, der für Gottes Wirken nicht zugänglich ist. Ich will noch mehr als bisher von Gott Unmögliches erbitten und erwarten!

Aber noch etwas anderes wird mir klar: Der Preis, den Menschen bezahlt haben und bezahlen, damit hier in Omos eine solche Gemeinde entstehen konnte, ist sehr hoch. Unter Todesgefahr ist sie entstanden und unter Todesgefahr wird sie weiter gebaut. An diesem Ort der Entbehrung wird gefastet, nachts gewacht, stundenlang gebetet, unter anderem auch für unsere Länder, und um die noch nicht gläubigen Insassen gerungen.

Sind *wir* bereit, den Preis für eine Erweckung in unserem Land zu bezahlen?

»Denn wer sein Leben retten will, wird es verlieren. Aber wer sein Leben um meinetwillen verliert, wird es gewinnen« (Mt 16,25; Gute Nachricht Bibel).

Martin Heiniger

EINLEITUNG

Erweckung – das Wort prickelt auf der Zunge wie Champagner und löst in vielen von uns ein Echo aus, während vor unserem inneren Auge Bilder von der Größe Gottes und die Hoffnung auf Veränderungen aufsteigen. Gott zeigt sich uns allen in seiner ganzen Herrlichkeit und all seiner Macht. Wie sehr sehnen sich viele nach Erweckung! Wie sehr inspiriert uns die Hoffnung, vielleicht auch irgendwann, irgendwie wahre Erweckung erleben zu können!

Ich hatte das Vorrecht, viele Gruppen zu einem Besuch in die Gemeinde *Christ the Only Hope* im Olmos-Gefängnis in Argentinien führen zu dürfen. In dieser Gefängnis-Gemeinde habe ich Erweckung packender erlebt als irgendwo sonst auf dieser Welt. Auch viele andere Menschen hatten überwältigende Erlebnisse, nachdem sie nur einige wenige Stunden mit den Häftlings-Mitgliedern der Gemeinde *Christ the Only Hope* verbracht hatten. Diese Besucher sind fest davon überzeugt, Erweckung gesehen und erlebt zu haben. Ihr Leben wurde von diesem Moment an auf dramatische Weise verändert!

Kapitel 1

Mein erster Besuch
in Olmos

Lassen Sie mich Ihnen von meinem ersten Besuch im
Olmos-Gefängnis im November 1992 erzählen. Unser
Gastgeber war Juan Zuccarelli, der gegenwärtige Leiter
der Gefängnis-Gemeinde und seit ihrer Gründung ein wesent-
licher Teil dieses Dienstes. Juan, Pastor einer evangelischen
Freikirche in der nahe gelegenen Stadt La Plata, ist in Olmos
angestellt. Etwa zwölf von uns drängten uns in zwei Autos,
um diese Gemeinde im Gefängnis zu sehen.

Je näher wir dem Gefängnis kamen, umso stärker domi-
nierte das massive Beton- und Stahlgebäude des Hochsicher-
heitsgefängnisses die Skyline. Wir alle, mit Ausnahme von
Juan, begannen, uns etwas ungemütlich zu fühlen angesichts
der Dinge, die uns dort erwarteten.

Wir parkten die Autos und gingen auf das Haupttor zu.
Durch die massiven Stahltüren hätte ein Lastwagen fahren
können, wären sie geöffnet gewesen. Die Vorhalle im Inneren
war ziemlich heruntergekommen. Der Raum war höhlenartig,
feucht und kühl und löste in uns unheilverkündende Vorah-
nungen aus. Alles bestand aus Beton und Stahl. Überall befan-
den sich Gitter aus grauem Stahl und alle Türen waren mit riesigen, fingerdicken Sicherheitsriegeln verziert. Wir passierten
drei riesige Stahltüren, bis wir endlich den Gefängnishof erreichten. Die massiven Betonwände auf allen Seiten waren
mindestens sechs Meter hoch und eineinhalb Meter dick.
Ständig patrouillierten bewaffnete Wächter an ihnen entlang.

Nachdem wir die dritte Tür durchschritten hatten, erhob
sich vor uns der riesige, fünf Stockwerke hohe Wohntrakt aus
Beton, der die 3 000 (aktuelle Zahlen vom Mai 1997: 3 300)

Inhaftierten von Olmos beherbergt. Er machte einen herunter-
gekommenen Eindruck. Das Gebäude hatte keine Fenster, dafür aber sehr viele Gitterstäbe. Männer streckten ihre Arme
durch die Gitter, aber wir waren zu weit entfernt, um ihre Gesichter erkennen zu können. Ich konnte ihre Verzweiflung fast
spüren. Auf Grund der Größe des Gefängnisses waren nur
jeweils zwei der sechs Flügel gleichzeitig sichtbar. Der riesige
Wasserturm in der Mitte des Hofes wirkte wie eine giganti-
sche Spinne, die sich herabneigte und ihre Beute in einem riesigen Netz fing. Juan erklärte uns, dass die Gefangenen während der großen Revolten in der Vergangenheit tatsächlich den
Wasserturm besetzt hatten.

Wir begannen unseren Weg über die zerstörten Betonwege
in einem Halbkreis zu der Kapelle, in der die Gemeinde bereits versammelt war. Die Sonne schien, was in dieser nüchter-
nen Umgebung auf seltsame Weise unpassend erschien. Dann
hörten wir Gesang im Hintergrund. Wir konnten die Worte, die
sie sangen, nicht verstehen, aber die Musik weckte Hoffnung
in uns allen.

Der Gottesdienst, an dem wir teilnehmen sollten, war seit
etwa einer Stunde in vollem Gange, was bedeutete, dass die
Inhaftierten gerade erst so langsam warm wurden. Einige
gläubige Inhaftierte führten uns hinein. Sie alle hatten ein Lächeln auf ihren Gesichtern und sahen recht jung aus, gerade
erst Anfang zwanzig. Die Kapelle barst fast vor Gottesdienst-
teilnehmern. Die Männer sprühten nur so von Leben. Man sah
fast ausnahmslos lächelnde Gesichter. Das Gebäude wirkte
kahl mit seinen nackten Betonwänden, die angesichts des
Geistes dieser Männer fehl am Platz erschienen. Ein Mann,
der vor der Menge stand, stieß aus vollen Leibeskräften Stak-
kato-Befehle hervor. Jedesmal, wenn er sprach und eine Antwort erwartet wurde, antworteten die etwa 600 Männer in der
Kapelle in völligem Gleichklang.

Juan stellte mir zwei der Männer vor. Einer war groß und massig, die Art von Mann, die man bei einem Football-Spiel gern in seinem Team haben möchte.

»Das ist Pastor Avalos«, sagte Juan. »Und dies ist Pastor Vazquez«, wobei er mir einen kleingewachsenen, schlanken, imposanten jungen Mann vorstellte. Beide waren Gefängnisinsassen. »Sie sind seit etwa sechs Jahren hier und die Pastoren der Gemeinde.«

Ihre Gesichter zeigten ein breites Lächeln, als wir einander auf argentinische Art mit einem Kuss auf jede Wange begrüßten. Ich konnte nicht umhin, mich zu fragen, welche Verbrechen sie wohl begangen hatten, um hier gelandet zu sein. Gleichzeitig war ich beeindruckt von ihrer ehrlichen, aufrichtigen Art. Es war deutlich sichtbar, dass es gar nicht so wichtig war, *was* ihr Verbrechen gewesen war, denn sie waren wirklich neue Geschöpfe in Christus. Später sollte ich viele schockierende und packende Zeugnisse von diesen Brüdern sowie von vielen anderen Inhaftierten hören. Das unfassbare Werk der Gnade, das Gott an jedem einzelnen dieser Männer vollbracht hatte, rief ausnahmslos Staunen und Lobpreis in meinem Herzen hervor.

Für unsere Gruppe wurden Bänke in die vorderste Reihe gestellt. Als wir uns setzten, bemerkten wir, dass nur wenige Wächter anwesend waren, auf jeden Fall nicht genügend, um etwas ausrichten zu können, sollte diese riesige Gruppe von Inhaftierten einen Aufstand anzetteln. (Aktuelle Zahlen vom Mai 1997: nur 1 000 der 1 480 Christen passen in die katholische Kirche, den größten Versammlungsraum auf dem Gefängnisgelände. Wächter sind nun überhaupt nicht mehr nötig: Kein einziger Wächter war anwesend, als 450 Gläubige an einem Tag getauft wurden.) Im weiteren Verlauf des Gottesdienstes kam ich jedoch zu dem Schluss, dass das einzige, was diese Gruppe anzetteln würde, eine Erweckung war. Wir sahen aufmerksam zu, wie sie mit Präzision auf fast militärische Weise auf ihre Leiter reagierten. Sie sangen und der Raum wurde mit klarem Lobpreis erfüllt, der alles bedeckte und bis in jeden Winkel und jede Ritze vordrang. Es war so erfüllend, dass ich mich fragte, ob das Dach und die Wände wohl standhalten würden.

Die Pastoren fragten uns, ob wir eine Botschaft oder Zeugnisse für die Gemeinde hätten. Ich wählte einen der Pastoren aus unserer Gruppe aus, der eine kurze Predigt halten sollte. Er predigte und ich übersetzte. Die Aufmerksamkeit der Inhaftierten war unerschütterlich. Es fiel uns immer schwerer, sie als Gefangene zu betrachten. Sie waren meine Glaubensbrüder und wir alle waren Soldaten in der Armee des Reiches Gottes.

Nach der Predigt erhob sich ein Mitglied unserer Gruppe, Gideon Chiu, ein Pastor aus Kanada, um zu unseren Mitstreitern für die Sache Christi zu sprechen. Gideon hatte von Gott die Berufung erhalten, Hongkong für Christus zu erreichen, bevor das Land an China überging. Er rief die hingegebenen gläubigen Häftlinge zum Gebet auf. Während er sein Herz ausschüttete, war er so bewegt, dass ihm die Tränen in die Augen stiegen. Noch heute höre ich seine Worte, als er sagte: »Brüder, ich habe endlich gefunden, was ich mein Leben lang gesucht habe. Hier in Olmos habe ich Erweckung gefunden. Bitte betet für Hongkong und für mich, denn wir brauchen das, was ihr habt.« Dieser Mann war um die halbe Welt gereist und bei einem »zufälligen« Besuch in einem Hochsicherheitsgefängnis in einem Dritte-Welt-Land hatte er gefunden, wonach er sein ganzes Leben lang gesucht hatte. Dieses Erlebnis zeigt wieder, dass Gott unermesslich und unerforschlich ist. Die Männer nahmen die Bitte um Gebet ernst und knieten nieder. Als sie beteten, hatte ich den Eindruck, der Himmel würde sich über diesem Ort öffnen. Die Kraft und die Gegenwart

Gottes war in jenem Moment dort so fühlbar, wie ich es selten irgendwo verspürt habe. Wir wussten, dass Gott uns hörte.

Als der Gottesdienst zu Ende war, verließen wir langsam die Kapelle. Dutzende der Inhaftierten umarmten und küssten uns auf dem Weg hinaus und doch herrschte in jedem Augenblick vollkommene Ordnung. Viele aus unserer Gruppe wollten eine gewisse Zeit im Gefängnis verbringen, um persönliche Erweckung zu erfahren und von diesen demütigen und doch hingegebenen Männern zu lernen, von denen die meisten erst seit weniger als zwei Jahren gläubig waren.

Als wir wieder hinausgingen, sagte mir Juan, dass der *Jefe del Penal*, der nach dem Direktor die zweitwichtigste Autoritätsperson im Gefängnis war, mit uns sprechen wolle. Er war kein lebendiger Christ, aber wenn er uns dies nicht gesagt hätte, hätten wir es niemals auch nur vermutet. Er schien der größte Fan der großen Bewegung zu sein, die wir soeben erlebt hatten. Er erklärte uns, dass die Männer tatsächlich dramatische und dauerhafte Veränderungen erfahren hatten. Sein Wunsch war, dass alle Christen würden, weil es tatsächlich positive Auswirkungen hatte. In den zwei Jahren, die er nun in Olmos arbeitete, hatte er nicht ein einziges Mal erlebt, dass ein Strafgefangener, der Mitglied der Gemeinde gewesen war, wegen eines neuen Verbrechens nach Olmos zurückgekehrt war. Das bedeutete eine Rückfallquote von 0 %! Dies bestätigte einen der Lieblingsaussprüche der Inhaftierten: »Weder meine Mutter noch die Tortur mit Elektroschocks noch Schläge von der Polizei konnten mein Leben verändern. Nur Jesus Christus konnte das tun.«

Wir verließen das Gefängnis an jenem Tag und versuchten zu verstehen, was wir soeben erlebt hatten. Es war mit nichts zu vergleichen, was wir jemals zuvor erlebt hatten. Die Gemeinde im Gefängnis nennt sich *Christ the Only Hope* (»Jesus Christus, die einzige Hoffnung«) und diese »freien« Gefangenen stellen einen sehr überzeugenden Beweis für diese Behauptung dar!

Das Schönste an Olmos ist, dass nur Gott der Autor einer so unglaublichen Geschichte sein kann. Und nach einem kurzen Besuch dort zweifelt niemand daran, dass Gott und kein anderer dies getan hat. Ich habe die Christen in Olmos seitdem viele Male besucht. Immer wieder lehren sie mich, was Gnade, Kraft und Hingabe wirklich sind, welche Macht das Gebet hat und wie herrlich unser Gott ist! Nachdem ich diese Gemeinde in Aktion gesehen habe, weiß ich, dass nichts unmöglich und niemand ein hoffnungsloser Fall ist. Die Gnade Gottes kann sich gerade dort manifestieren, wo wir es am allerwenigsten erwarten. Diese Menschen haben mir gezeigt, dass, Gitter oder keine Gitter, Freiheit nur in Jesus Christus zu finden ist!

Kapitel 2

Die Geschichte
der Erweckung in Olmos

Im August 1951 kam Pastor Andrés Guerrieri in das Gefängnis Olmos, um einen Gefangenen namens Pucheta zu besuchen. Dies ist der erste registrierte Besuch eines freikirchlichen Pastors im diesem Gefängnis. Zwischen 1951 und 1983 folgten viele andere dem Beispiel von Pastor Guerrieri und besuchten Olmos. Pastoren besuchten vier oder fünf Inhaftierte, die Jesus Christus als ihren Herrn und Erlöser angenommen hatten, doch nie kam es zu einer echten Erweckung.

Finsternis regiert

1983 gab es im Gefängnis zahlreiche Aufstände. Die Vergewaltigungen und Morde in den Wohnbereichen der Gefangenen waren fast außer Kontrolle geraten. Bis Ende 1987 war dort Gewalt vorherrschend. Gefangene mit dem Spitznamen *pitufos* (»Schlümpfe«) terrorisierten ihre Mitgefangenen, indem sie Löcher in den Wänden zwischen den Zellen gebrauchten, um ihre Zellennachbarn anzugreifen, zu kidnappen, zu vergewaltigen und ganz allgemein das Gefängnis unter einer Schreckensherrschaft zu halten. In dieser Zeit verglichen die Gefangenen das Gefängnis wegen der vielen Löcher in den Wänden und der Möglichkeit, sich ungehindert von Zellentrakt zu Zellentrakt zu bewegen, mit einem Schweizer Käse. Mord war nichts Ungewöhnliches und Gewaltverbrechen waren praktisch an der Tagesordnung. Das Gefängnis war zeitweise völlig in der Hand der Gefangenen.

Das vierte der fünf Stockwerke des Gefängnisses war berühmt-berüchtigt als der *piso de los elefantes*, das »Stockwerk der Elefanten«. Von hier aus, und im Besonderen vom Zellentrakt 4-10 aus, wurde das Gefängnis von den Schwerverbrechern regiert. Sie genossen großes Ansehen unter den anderen Gefangenen und wurden von den gesamten Gefängnisinsassen respektiert. Dies war das Zentrum, von dem aus alle Arten von kriminellem Verhalten, inklusive Aufstände, Drogen, Mord und Vergewaltigung, angezettelt wurden. Von hier aus hatte das Böse eine Festung errichtet; an diesem Machtzentrum begannen Aufstände, die viele Todesopfer forderten.

Tieropfer und okkulte Rituale waren alltägliche Praktiken im Gefängnis. Die Gefangenen errichteten einen Altar und zündeten dort rote, schwarze und weiße Kerzen an. Ihre Familien brachten ihnen Hunde und Katzen, die sie dann dem Teufel opferten. Auf diese Weise unterwarfen sie das Gefängnis immer wieder neu der Herrschaft Satans. Insassen erzählen, dass sie zwergenhafte Dämonen die Treppen des Gefängnisses hinauf- und hinuntersteigen sahen. Unzählige Geschichten beschreiben die überwältigende Gegenwart des Bösen, die das Gefängnis völlig beherrschte.

Den Inhaftierten war klar, dass Olmos die Führungsrolle unter den Gefängnissen der Provinz Buenos Aires einnahm. Da das vierte Stockwerk von Olmos auch geistlich gesehen ganz Olmos regierte und dieses wiederum die anderen Gefängnisse beherrschte, kontrollierte das vierte Stockwerk geistlich gesehen das ganze Gefängnissystem von Buenos Aires und Umgebung. Dies zeigte sich deutlich, wenn die Gefangenen vom vierten Stockwerk aus einen Aufstand anzettelten und sich das ganze Gefängnis anschloss. Dann, ähnlich einem Dominoeffekt, zettelten die anderen zwanzig Gefängnisse ebenfalls Aufstände an. Zwar hielten die Behörden die Gefangenen durch Strafmaßnahmen in Schach, aber im geistlichen Bereich war das Gefängnis unkontrollierbar. Der Teufel beeinflusste die

Gedanken und Herzen der Männer, so dass diese ihre Mitgefangenen quälten. Überall herrschte (geistliches) Chaos.

Juan Zuccarelli, Pastor einer evangelischen Freikirche, war Leiter der nichtkatholischen christlichen Gruppen im Gefängnis und damit Aufseher der Gefangenen-Gemeinde. Juan erinnert sich an seinen ersten Besuch im Wohntrakt des Gefängnisses. Er arbeitete in den Büros der Gefängnisverwaltung und einer seiner Kollegen lud ihn zu einem Besuch der Zellenblocks ein.

»Ein Gefängnisbeamter begleitete mich und als wir etwa die Hälfte der langen Halle durchquert hatten, die zu den Zellenblocks führt, fühlte ich, wie eine dämonische Kraft meinen Körper angriff. Es begann in meinen Beinen, kroch den ganzen Körper hinauf und legte schließlich einen ständig wachsenden Druck auf meinen Nacken. Ich hatte den Eindruck, der Teufel wollte mich davon abhalten, den Wohnbereich der Gefangenen zu betreten. Zweifellos hatte er das Gefühl, dass ich in seinen Herrschaftsbereich eindrang.

Ich sagte dem Gefängnisbeamten, dass ich mich nicht gut fühle und die Toilette benutzen müsse. Den geistlichen Kampf konnte ich ihm nicht erklären, da er nicht gläubig war. Als ich die Toilette erreichte, fiel ich auf die Knie und begann, die Autorität des Teufels über den Wohnbereich der Gefangenen herauszufordern. Ich band ihn im Namen Jesu. Es war ein wirklich harter geistlicher Kampf. Ich sagte dem Herrn, wenn er wolle, dass ich im Gefängnis diente, müsse er den Sieg über die dämonischen Kräfte erringen, so dass ich in diesen Freiraum vordringen und handeln könne, sprich: den Wohnbereich der Strafgefangenen betreten. Nach einigen Minuten hatte ich das Gefühl, dass eine Kette zerbrochen und zu Boden gefallen war. Ein tiefer Friede erfüllte mich. Wir nahmen unseren Weg durch die Halle wieder auf, aber dieses Mal war alles anders. Jesus hatte mir geholfen, dass ich in dieser Sache Erfolg hatte.«

Der Evangelist José Luis Tessi hatte ein ganz ähnliches Erlebnis, als er seinen Dienst im Gefängnis begann. Fast während des gesamten ersten Jahres betrat Tessi das Gefängnis voller Freude und Frieden, weil er sich der Kraft des Heiligen Geistes bewusst war. Doch die dämonischen Kräfte waren so stark, dass er nach jeweils vier Stunden Dienst im Gefängnis völlig erschöpft und mit Schmerzen in allen Knochen und Gelenken nach Hause ging. Diese Erfahrung erduldete er zwei bis drei Mal pro Woche, um den Gefangenen das Evangelium zu bringen.

Bis 1983 konnte man die Anzahl der Gefangenen, die man zu einer christlichen Veranstaltung zusammenbrachte, an zwei Händen abzählen. Das Wort Gottes in die Gefängnisse zu tragen war eine riesige Herausforderung für die Christen in Argentinien. Einige gläubige Männer versuchten, eine Bresche zu schlagen, konnten aber niemals dramatische Durchbrüche erlangen. Jeder, der dies versuchte, sah sich stärkstem Widerstand von Seiten der Behörden gegenüber. Juan Zuccarelli erlebte Ablehnung und offene Feindseligkeiten, als er sich zu seinem Glauben an Jesus Christus bekannte.

Gott bringt Schlüsselfiguren in die richtigen Positionen

Juan Zuccarelli erzählt:

»1983 ging ich durch meine Heimatstadt La Plata, als ich fühlte, dass der Herr zu mir sprach und mir sagte, dass ich in Gefängnissen dienen solle. Zuerst weigerte ich mich, da ich keinerlei Bezug zu Gefangenen hatte. Doch Gott sprach immer wieder zu mir. Ein ums andere Mal lehnte ich diese Idee ab, bis ich schließlich zusammen mit meiner Frau für die Gefängnisse betete. Das war der erste Schritt in diesen neuen Dienst.

Zu jener Zeit hatten wir keine Möglichkeit, in die Gefängnisse hineinzukommen, um zu predigen. Einer meiner Glaubensbrüder arbeitete für die Strafanstalt und schlug mir vor, Gefängniswärter zu werden und so Zutritt zu bekommen. Ich fragte ihn, wie ich vorgehen solle. Er erklärte mir, dass es gewöhnlich nach dem Durchlaufen aller Vorstellungsgespräche und Interviews etwa sechs bis acht Monate dauerte, bis über eine Bewerbung entschieden werde. Zu unserer Überraschung geschah jedoch ein Wunder und innerhalb weniger Tage kam mein Bekannter mit der Nachricht, dass alles bereit sei und ich meine Arbeitsstelle sofort antreten könne. Die einzige Frage war nun, wo ich arbeiten wollte. Ich musste eine Wahl treffen zwischen dem Gefängnis von La Plata, der Kadettenschule, die nur sechs Häuserblocks von meiner Wohnung entfernt lag, und dem Gefängnis Olmos. Ich sagte ihm, der Heilige Geist würde ihm helfen, die richtige Wahl für mich zu treffen, sollte eine Entscheidung nötig sein. Wir kamen überein, zu beten und fest darauf zu vertrauen, dass der Heilige Geist uns Klarheit geben würde. Später kam er und sagte mir, er habe den Eindruck, Gott wolle mich nach Olmos schicken. Äußerlich sagte ich: »Amen, das ist der Wille Gottes«, aber innerlich fragte ich Gott, ob da nicht ein Irrtum vorläge.

Am ersten Tag fühlte ich mich sehr seltsam. Zu dieser Zeit gab es keine Schule für untergeordnete Beamte und so erhielten wir direkt in Olmos eine Einführung. Ich hatte dort zwei Ausbilder: Einer war für die Theorie zuständig, der andere für die Praxis. Der Mann, der für die Theorie zuständig war, lehrte uns die Regeln für die Arbeit im Strafwesen. Er listete die Rechte und Pflichten jedes einzelnen auf. Er sagte uns, worüber wir sprechen durften und worüber nicht. Politik war tabu. Dies erinnerte mich daran, dass ich als freikirchlicher Christ aus Glaubensgründen aus der Argentinischen Marine ausgetreten war. Der einzige Makel in meinem Führungszeugnis nach einer sechsjährigen Karriere bestand darin, dass ich keine katholische Messe besucht hatte. Weil ich mich noch lebhaft daran erinnern konnte, hob ich die Hand und fragte den Ausbilder, ob es erlaubt sei, über Religion zu sprechen. Er fragte mich nach meiner Konfession und ich antwortete ihm, dass ich Christ sei und einer evangelischen Freikirche angehöre. Meine Mitarbeiter waren überrascht, denn zu dieser Zeit war es sehr ungewöhnlich, zuzugeben, dass man Christ war und einer evangelischen Freikirche angehörte.

Der Ausbilder erwiderte: »So, so, Sie sind also ein Freikirchler.«

Ich antwortete: »Ja.«

Daraufhin erklärte er: »Ich hasse Freikirchler. Ich kann Protestanten nicht ausstehen. Sie erkennen die Jungfrau Maria nicht an und außerdem gehen sie von Haus zu Haus und belästigen die Leute. Wenn Sie Freikirchler sind, werden Sie Probleme mit mir haben.«

Ich erwiderte: »Sie mögen es vielleicht so sehen, aber Gott sieht das anders.«

Er sagte mir, an diesem Ort sei er der einzige Gott, aber ich konterte, dass das Wort Gottes uns etwas ganz anderes zeige. Seine Antwort lautete: »Von heute an bin ich das Wort Gottes für Sie. Ich werde schon dafür sorgen, dass Sie hier eine Menge Probleme haben.« Und damit warf er mich hinaus. Dieser Beamte hieß Nestor Papa und ist heute Diakon und Sekretär unserer Gemeinde. Seine Frau Rosa ist Lehrerin in unserer Sonntagsschule und Gott kann durch sie eine Menge wunderbarer Dinge tun. Doch es war wirklich kein allzu netter Beginn für meinen allerersten Tag im Gefängnis.

Nach diesem kleinen Streitgespräch befahl man mir, mit einem Gewehr die Gefängnismauer zu bewachen und sicherzustellen, dass niemand ausbrach. Ich schob dort mehrere Tage lang Dienst und predigte vielen meiner Arbeitskollegen, aber keiner von ihnen nahm Jesus als Herrn und Erlöser an. Das Wochenende kam näher und ich bat den Herrn im Gebet um eine andere Aufgabe, da ich predigen und Resultate sehen wollte. Als ich nach Hause kam, betete ich zusammen mit meiner Frau Mary. Wir baten auch unsere Gemeinde um Unterstützung. Als ich am Montag wieder zur Arbeit ging, rief mich mein Chef in sein Büro. Als ich dort ankam, fragte mich Nestor Papa, der Beamte, der mich so sehr hasste: »Sie haben wohl gute Beziehungen hier im Gefängnis?« Ich verstand nicht, was er meinte, und so beschuldigte er mich, etwas zu verheimlichen. Nun erst erklärte er mir, er habe Befehl erhalten, dass ich in den Verwaltungsbüros des Gefängnisses arbeiten solle. Da erinnerte ich mich an unsere Gebete und ich sagte ihm: »Ich habe tatsächlich einen Freund hier.«

»Wie heißt er?«, fragte Nestor.

»Jesus von Nazareth. Lobe den Herrn!«, sagte ich ihm, worauf Nestor mich aus seinem Büro jagte. Doch Gott stand mir auch an diesem Ort zur Seite.

Im Büro, in dem ich arbeitete, kamen mehrere Menschen zum Glauben an Jesus Christus. Der Herr hatte begonnen, einige der Gefängnisleiter zu berühren, aber noch immer konnten wir nichts für die Gefangenen selbst tun. Die Vorschriften ließen dies nicht zu. Einige Pastoren besuchten das Gefängnis, erreichten aber nur eine Handvoll Männer. Einige Zeit später erschien eine der Tageszeitungen von La Plata mit der Schlagzeile: »Pastor einer evangelischen

Freikirche ein Dieb!« Natürlich entwickelte sich das Ganze zu einem riesigen Skandal, während die Medien sich einen Spaß daraus machten, alle Freikirchen in den Schmutz zu ziehen. Der Betroffene, Antonio García, wurde ins Gefängnis gesteckt. Unsere Gemeinde begann, seine Frau und seine acht Kinder zu unterstützen. Eines Tages tauchte García in Olmos auf. Als ich ihn sah, war mein erster Gedanke, ihm an die Gurgel zu springen. Doch ich fühlte, dass der Herr zu mir sprach: »Juan, du musst ihn lieben. Vergiss nicht, dass ich auch für ihn mein Leben gegeben habe. Ich habe ihn zuerst geliebt, Juan.« Also gehorchte ich und sprach mit dem ehemaligen Pastor. Er bereute, was er getan hatte, und wir beteten zusammen. Er erneuerte dabei seine Hingabe an den Herrn.

Einer der Prediger unserer Gemeinde, José Luis Tessi, fühlte, dass Gott auch ihn zum Dienst im Gefängnis rief. Er begann, Olmos zu besuchen, und fand heraus, dass es dort einen Radiosender gab, der auf Grund technischer Probleme außer Betrieb war. Also begannen wir, um Spenden zu bitten. Wir sprachen mit den Behörden und erklärten ihnen, wir würden den Sender reparieren, wenn wir etwas Zeit für christliche Programme bekämen. Sie waren einverstanden und wir nahmen unsere Arbeit auf. Auf diese Weise entstand das erste christliche Radioprogramm im Gefängnis.

Wir beauftragten den ehemaligen Pastor, einige seiner Mitgefangenen zu Veranstaltungen zusammenzurufen, und unter der Leitung von José Luis Tessi begann sich eine nette kleine Gruppe zu formieren. Die geistliche Atmosphäre war immer noch sehr schwierig. Tessi sagte uns, dass er nach dem Radioprogramm und nachdem er den Gefangenen seine Geschichte mit Gott erzählt hatte, immer völlig erschöpft und mit Schmerzen im ganzen Körper vom Gefängnis nach Hause ging. Der Grund dafür waren die dämonischen Kräfte, die im Gefängnis wirkten, und es sollte auch noch einige Zeit dauern, bis dieser Einfluss vollständig gebrochen war.«

Zucarelli, Tessi und Garcia sahen erste Resultate, als die Gefangenen unter der Leitung des ehemaligen Pastors vor und nach jedem Radioprogramm einige ihrer Mitgefangenen zu Gesprächen über Christus zu dem Evangelisten brachten. Dazu beteten die Christen unter den Gefangenen ununterbrochen um Unterstützung, während Tessi das Evangelium predigte.

Der erste Durchbruch

1985 arbeiteten die Gefangenen, Tessi und Zuccarelli zusammen, um eine Evangelisationsveranstaltung im Gefängnis durchzuführen. Wieder berichtet Zuccarelli:

»Wir spürten, dass der nächste Schritt zur ›Eroberung‹ des Gefängnisses für Christus darin bestand, eine evangelistische Veranstaltung im Gefängnis durchzuführen. Es war eine verrückte Idee und noch nie war etwas Derartiges in einem argentinischen Gefängnis geschehen. Als wir mit dem Gefängnisdirektor darüber sprachen, sagte dieser mit Nachdruck: ›Nein! An so etwas brauchen Sie nicht einmal zu denken.‹ Ich sagte ihm, dass wir dafür beten würden, doch er versicherte nochmals, dass er zu einer solchen Veranstaltung niemals seine Zustimmung geben würde. Also begannen wir, mit den Gefangenen aus Tessis Gruppe zu beten.
Eine Woche später rief mich der Direktor an und fragte: ›Was war es eigentlich genau, was Sie tun wollten?‹ Ich erklärte es noch einmal und er gab seine Einwilligung, meinte aber, wir sollten vorsichtig sein, denn sollte irgendetwas schief gehen, wäre es mein Kopf, der rollen würde.

Es ist sehr schwierig, Diebe, Mörder und Sexualverbrecher zusammenzubringen, denn Kämpfe und Todesfälle wären keine Überraschung gewesen. Doch wir vertrauten darauf, dass der Herr uns vor allem Bösen bewahren würde. Luis Teubner, einer der Wächter, die in dem Versammlungsraum arbeiteten, in dem wir die Veranstaltung abhalten wollten, erwies sich als unschätzbare Hilfe. Der Versammlungsraum war der Ort, an dem Rockgruppen, andere Musik- und Theatergruppen für die Gefangenen ihre Darbietungen aufführten. Wenn dies geschah, wurde den Gefangenen angekündigt, dass bald im Versammlungsraum ein *Acto* stattfinden würde. Handelte es sich jedoch um eine christliche Veranstaltung, wurde ein *Culto* angekündigt. Es ist den Gefangenen freigestellt, solche Aufführungen im Gefängnis zu besuchen, und daher braucht man einen Namen, der ihre Aufmerksamkeit erregt. Für diese Veranstaltung beschlossen wir, den Gefangenen zu sagen, dass ein *Acto-Culto* stattfinden würde. Dies muss sie wohl verwirrt haben, aber die Ankündigung lockte sie aus ihren Zellenblocks. Ich erklärte den Gefängniswärtern, der Direktor habe den Befehl gegeben, die Türen zu schließen, sobald die Gefangenen versammelt waren. Etwa dreihundert Gefangene kamen und fast hundert von ihnen sprachen ein Gebet, in dem sie Jesus als ihren Herrn und Erlöser in ihr Leben aufnahmen. Tessi hielt eine Predigt, die die Gefangenen tief berührte. Und als wir beteten, heilte der Herr die Kranken und setzte die Bedrückten frei, sowohl unter den Gefangenen als auch unter den Wärtern.«

Dazu erfüllte eine heilige Ruhe die Atmosphäre im Auditorium der Gefängnisschule, in dem die Evangelisation abgehalten wurde. Das ganze Gebetstreffen hindurch bewegte sich niemand, niemand rauchte oder reagierte ablehnend. Dies war unter den Gefangenen etwas noch nie Dagewesenes. Das Resultat war, dass die Behörden die Erlaubnis für weitere Versammlungen zwei oder drei Male pro Woche erteilten. Dies war revolutionär für den Gefängnisdienst in Argentinien. Eine Gemeinde begann, Gestalt anzunehmen.

Unter den Gefangenen wachsen Schlüsselpersonen und Leiter heran

Während der folgenden Jahre widmete sich Tessi speziell der Lehre und der Ausbildung der Inhaftierten in ihrem Leben und Dienst als Christen. Gott begann, Leiter unter den Gefangenen hervorzubringen. Zuccarelli erklärt:

»Die Haftstrafe von Antonio García, dem ehemaligen Pastor, war beinahe abgelaufen und uns war klar, dass es Zeit war, andere Leiter heranzuziehen. Tessi begann, fast jeden Tag intensive Bibelstudien mit ihnen durchzuführen. Ein Mann trug den Spitznamen *Chiquito* (was auf Spanisch »Kleiner« bedeutet) Delgado, da er beinahe zwei Meter groß und sehr beleibt war. Er war ein furchterregender Anblick. Doch der Herr hatte sein Leben dramatisch verändert. Obwohl er seit vierundzwanzig Jahren im Gefängnis saß, war er freundlich wie ein kleines Kind geworden. Er übernahm zusammen mit García die Leitung. Ich arbeitete weiterhin in der Gefängnisverwaltung, was es mir ermöglichte, Glaubensgeschwistern eine Besuchserlaubnis zu verschaffen, wie auch die Verteilung von Spenden für die inhaftierten Christen zu verwalten.
García und Delgado hatten ihre Strafen abgesessen und verließen Olmos, aber Gott bereitete Héctor Márquez, José Cardozo und Jorge Kuris vor, ihren Platz einzunehmen. Sie kamen zwei- oder dreimal pro Woche zusammen und Tessi unterrichtete sie aus der Bibel. Doch sie wohnten in ver-

schiedenen Blöcken des Gefängnisses, lebten mit Nichtgläubigen zusammen und hatten auf Grund der Wohnver-
hältnisse Schwierigkeiten, wirklich ein Leben mit Gott zu
führen. Seine Vergehen zu bereuen, ein essenziell wichtiger Schritt, um Christ zu werden, ist im Gefängnis ein Zeichen von Schwäche und Schwäche macht einen Gefangenen zur Zielscheibe für die Angriffe der anderen
Inhaftierten. Wenn die Christen also nach den Gottesdiensten zu ihren Zellen zurückkehrten, wurden sie von den
Nichtgläubigen beschimpft, geschlagen und sogar vergewaltigt. Es war eine sehr schwierige Zeit für die Gemeinde, die sich noch im ›Embryonalstadium‹ ihrer Entwick-
lung befand.«

Obwohl die Gläubigen sich nun zwei- oder dreimal in der Woche versammeln konnten, wohnten sie doch noch über das
ganze Gefängnis verstreut. Andere Gefangene verfolgten diejenigen, die sich zum Glauben an Jesus Christus bekannten,
aufs heftigste. In einem Gefängnis herrscht das Gesetz des
Dschungels und das kleinste Zeichen von Schwäche scheint
die Stärkeren zum Angriff zu reizen. Christus als Herrn und
Erlöser anzunehmen wurde als Zeichen von Schwäche gedeu-
tet und so hatten die Gläubigen zwischen 1985 bis 1988 viele
Anfechtungen zu erdulden. Wenn ein Gefangener umkehrte
und Christ wurde, war die Rückkehr in seinen Zellenblick für
ihn manchmal lebensgefährlich.

Die flügge gewordene Gemeinde nimmt Form an

Mitte 1987 veranlasste diese prekäre Situation Márquez, eine
der drei Schlüsselpersonen unter den Gefangenen, von den
Behörden einen ganzen Zellenblock zu erbitten, der einzig
und allein für wiedergeborene Christen reserviert sein sollte.

Seiner Bitte wurde entsprochen. Ein kleiner, ausgebrannter Zellenblock für vierundzwanzig Gefangene, halb so groß wie die normalen Zellenblocks, wurde Márquez und einigen anderen Gläubigen übergeben. Durch Spenden von außen, die Márquez anregen konnte, wurde der Zellenblock hergerichtet und war bald der attraktivste im ganzen Gefängnis. Dies war sowohl für die Gefängnisbehörden als auch für die anderen Gefangenen ein Zeichen, dass bedeutende Veränderungen geschahen. Im Handumdrehen war der Zellenblock mit etwa vierundzwanzig gläubigen Häftlingen gefüllt.

Kuris, einer der Hauptleiter, übernahm Márquez' Idee und begann, um weitere Zellenblocks für die Gläubigen zu bitten. Kühn und hartgesotten wie ein Elefantenbulle übte Kuris im Umgang mit den Gefangenen große geistliche Autorität aus. Immer, wenn den Christen ein neuer Zellenblock übergeben wurde, ging er hinein und begann unter der Führung des Heiligen Geistes, die Gefangenen, die beschlossen hatten, in ihrem gewohnten Zellenblock zu bleiben, durch Gebet und Seelsorge von den Mächten der Finsternis und okkulten Bindungen zu befreien. Auch predigte Kuris das Evangelium mutig auf dem Fußballfeld des Gefängnisses. Während dieser Zeit wurde er ständig bedroht und zweimal niedergestochen. Andere Mitgefangene hatten tatsächlich ein Todesurteil über ihn verhängt. Doch der Herr schützte ihn. Da ihm klar war, dass er buchstäblich mitten in einem Kriegsgebiet wohnte, verbrachte Kuri sein Leben hauptsächlich mit Gebet und Fasten. Durch seine Kühnheit spielte Kuris in dieser Phase der Expansion der Gemeinde die Schlüsselrolle.

In den Zellenblocks der Gläubigen wurde der christliche Lebensstil immer stärker gelebt. Ein Buch von Yiyi Avila lehrte sie über Gebet und Fasten und durch das Vorbild von Héctor Giménez, dem Pastor einer der größten und dynamischsten Gemeinden Argentiniens, begannen sie, Gebetsketten zu bilden. Einmal beteten und fasteten sie in einer geschlossenen Kette zweiundsiebzig Tage lang. Dies war die Zeit, in der Kuris seine Forderung nach mehr Zellenblocks, in denen ausschließlich Christen wohnen sollten, verwirklichen konnte.

Der zweite explosionsartige Durchbruch

Mit einer Zuwachsrate von beinahe einem neuen Zellenblock pro Monat begannen die Christen ihren Vormarsch, das Gefängnis für Christus »einzunehmen«. Ende 1987 hatten sie je einen Zellenblock auf jedem der fünf Stockwerke von Olmos. Am schwierigsten einzunehmen war das vierte Stockwerk, das »Stockwerk der Elefanten«. Als der vierte Zellenblock auf dem vierten Stockwerk, »4-4« genannt, den Christen zugeteilt wurde, weigerten sich die bisherigen Bewohner, ihre Zellen aufzugeben. Die Polizei sah sich gezwungen, Stöcke, Hunde und die Androhung von Waffengewalt anzuwenden, um die Gefangenen auszuquartieren. Sogar dann noch mussten einige hinausgeschleppt werden, wobei sie wild um sich schlugen. Es war ganz deutlich, dass die dämonischen Kräfte keinen Boden preisgeben wollten. Doch »4-4« wurde der erste Stützpunkt Gottes auf diesem Stockwerk, das sowohl das Gefängnisleben in Olmos als auch das übrige Gefängnissystem der Provinz regierte.

Eines Tages – Anfang 1988 – beschloss die Gefängnisleitung, all die christlichen Zellenblocks auf einem Stockwerk zusammenzuschließen. So zogen die Christen aus ihren über das Gefängnis verstreuten Zellenblocks aus und übernahmen sechs Blocks im vierten Stockwerk. Um einen neuen Zellenblock zu bekommen, mussten sie mindestens vierzig gläubige Gefangene haben, die bereit waren, dort einzuziehen. Dies bedeutete, dass nun mindestens zweihundertvierzig Inhaftierte zusammen wohnten, die der Gemeinde angehörten. Diese fühlten sich wie die Israeliten beim Einzug ins Verheißene Land, als sie alle ins vierte Stockwerk einzogen.

Durch ständiges Gebet und Fasten, Gehorsam dem Herrn gegenüber und mutige geistliche Konfrontation mit dem dämonischen Widersacher ist die Gemeinde in Olmos immer weiter gewachsen. 1990 hatte sie über 400 Mitglieder und Ende 1993 waren es beinahe 900 – knapp 30 % der gesamten Gefängnispopulation. Im August 1995 waren die 20 Zellenblocks der Christen mit über 1 200 Gläubigen bis zum Bersten gefüllt.

Schätzungsweise weitere 400 bis 500 Gefangene haben Jesus als ihren Herrn und Erlöser angenommen, waren aber nicht bereit, die Verbindlichkeit aufzubringen, die von einem Gemeindemitglied verlangt wird. Juan Zuccarelli meint, dass diese Männer in einer Gemeinde außerhalb des Gefängnisses wahrscheinlich sehr gute Gemeindemitglieder abgeben würden. Doch die Anforderungen und Härten des Gemeindelebens verlangen eine Opferbereitschaft und Disziplin, zu der sie nicht bereit sind. Diese Männer werden in Zellenblocks untergebracht, die zwar nicht christlich sind, aber doch einen relativ sicheren Lebensraum bieten.

Juan Zuccarelli beschließt die Geschichte:

»1991 hatte Márquez seine Strafe abgesessen und Kuris und Cardozo teilten sich in die Leitung der Gemeinde. Bisher wurde nicht viel über Cardozo gesagt, aber er war ein besonderer Mann, sehr ruhig und respektvoll. Er überlegte lange, bevor er etwas sagte, und seine Ratschläge waren immer gut. Er war ein wahrer Pastor für den Dienst im Gefängnis und arbeitete hart daran, ein weiteres Anwachsen der Gemeinde sicherzustellen. Als Kuris und Cardozo entlassen wurden, ernannte die Gemeinde Ramón Avalos, Daniel Vázquez und Antonio Franco, drei wahre Männer Gottes, ihren Platz einzunehmen.

1991 wurde ich zum Verantwortlichen für die nichtkatholischen Insassen des Gefängnisses Olmos ernannt, was bedeutet, dass ich den ganzen Tag zusammen mit meinen Glaubensgeschwistern im Gefängnis dienen kann, anstatt in den Verwaltungsbüros zu arbeiten. Nach so vielen Jahren des Kampfes und des Gebets ist es ein großer Segen, zu sehen, dass sich ein Traum erfüllt hat.

Wir befinden uns in einem ständigen Prozess des Wachstums und der Verbesserung der Gemeindeorganisation. Ramón Avalos übt weiterhin das Pastorenamt aus, während Gott weitere Männer ausrüstet, das Werk fortzuführen. Heute sind das gesamte vierte Stockwerk und acht der Zellenblocks auf dem dritten Stockwerk von Mitgliedern der Gemeinde bewohnt. Bis Ende des Jahres hoffen wir, den Rest des dritten Stockwerkes übernommen zu haben. Und durch die Gnade Gottes werden wir nicht einhalten, bis das ganze Gefängnis Jesus Christus zu Füßen gelegt ist.«

Den Gefangenen ist gelungen, was sie sich vorgenommen hatten: Seit Mai 1997 wird der gesamte dritte Stock von Gemeindemitgliedern bewohnt.

Kapitel 3

Dienst und Leben
der Gemeinde

Diese Gemeinde ist einzigartig in Struktur und Disziplin. Sie erinnert vielleicht eher an ein Kloster als an eine Gemeinde. Disziplin und Gehorsam sind Kennzeichen ihres Verhaltens, also das genaue Gegenteil ihres früheren Lebensstils.

Aufnahme in die Gemeinde

Stellen Sie sich vor, in Räumen mit bis zu sechzig Gefangenen zusammenzuleben, die lediglich für vierundzwanzig Männer konzipiert waren, und das beinahe vierundzwanzig Stunden am Tag, sieben Tage die Woche. Das wäre eine erschreckende Herausforderung für Christen, aber für die kriminellen Elemente der Gesellschaft ist es die Hölle. Die Gemeinde bietet einen Ausweg aus diesem dunklen und gefährlichen Ort.

Jeden Tag bitten mehr Gefangene um Aufnahme in die Zellenblocks der Christen, als dort untergebracht werden können. Wenn der Bitte eines Gefangenen entsprochen wird, erhält er Unterweisung im christlichen Glauben. Wenn er Christus noch nicht als seinen Herrn und Erlöser angenommen hat, dann tut er es jetzt. Dies ist ein wichtiger Teil der evangelistischen Bemühungen. Das Gemeindeleben und die gläubigen Gefangenen haben sich einen Ruf erworben, der anziehend auf die übrigen Inhaftierten wirkt. Das ist nicht schwer zu verstehen, wenn man das Elend und die Gefahren bedenkt, die das Los des gewöhnlichen Gefangenen im nichtchristlichen Teil des Gefängnisses sind.

Jeder, der in die Gemeinde aufgenommen werden will, erhält eine Einführung in die Regeln und Vorschriften des Lebens im Zellenblock. Kämpfe, Rauchen, Drogen, homosexuelles Verhalten sowie Fernsehkonsum sind nicht erlaubt. Die Gemeinde sieht diese Aktivitäten als nichtchristlich an und ist der Überzeugung, dass sie einen negativen Einfluss auf die Gläubigen haben. Ist der Mann mit den Regeln einverstanden, wird er in einem der beiden christlichen »Beobachtungszellenblocks« untergebracht. Hier wird seine Hingabe an Christus beobachtet; man untersucht, ob er den christlichen Lebensstil, so wie er im Gefängnis gelebt wird, einhält, und ermutigt ihn immer wieder. Diese »Probezeit« ist vor dem Hintergrund, dass die christlichen Blocks auch für viele der Nichtgläuben besonders attraktiv sind, nachvollziehbar. Besteht der Betroffene diese Prüfungszeit erfolgreich, wird er in die regulären christlichen Zellenblocks integriert.

Er wird nun vierundzwanzig Stunden am Tag Gemeinde *leben*. Das heißt, er ist nie frei von den Anforderungen und der Disziplin der Gemeinde und ist vierundzwanzig Stunden am Tag unter Beobachtung von Seiten seiner Glaubensbrüder. Dies gilt für jeden, von den Pastoren bis zu den neuesten Gemeindemitgliedern. Nicht jeder wird dieser beträchtlichen Herausforderung gerecht.

Gebet und Fasten

Gebet ist der Grundstein des Lebens und Dienstes der Gemeinde. Alle weiteren Aktivitäten resultieren aus ihr. Man erwartet, dass jedes aktive Gemeindemitglied an den Gebetsnächten teilnimmt, die das ganze Jahr hindurch ohne Ausnahme jede Nacht abgehalten werden. Mindestens einmal pro Woche muss jeder die ganze Nacht – von Mitternacht bis sechs Uhr morgens – in Gebet, Bibelstudium und Fürbitte für die schlafenden gläubigen Mitgefangenen verbringen. Diese drei Aktivitäten werden jede Nacht in drei Schichten von jeweils zwei Stunden von sechs Männern aus jedem Zellenblock durchgeführt, jeweils zwei gleichzeitig für jede der drei Aufgaben. Man kann zum Beispiel mit zwei Stunden Bibellese beginnen. Dann geht man weiter zu zwei Stunden Gebet auf den Knien. Die nächsten zwei Stunden geht man von Bett zu Bett und betet für die schlafenden Glaubensbrüder im Zellenblock. Bei zwanzig christlichen Zellenblocks bedeutet das, dass jede Nacht mindestens einhundertzwanzig Männer Gebetsnächte in einem Hochsicherheitsgefängnis in Argentinien abhalten. (Mai 1997: 24 Zellenblocks, mindestens 144 Brüder pro Nacht)

Fünf ganze Zellenblocks sind darüber hinaus ausschließlich dem Dienst der Fürbitte geweiht. In diesen Blocks wird vierundzwanzig Stunden am Tag gebetet. Non-stop-Gebetsketten sind ein Teil der normalen Aktivität der Gemeinde.

Ähnlich konsequent verfolgt man dort das Fasten. Die Gemeinde fastet zweimal pro Woche, dienstags und freitags. Das Fasten dauert von morgens bis zwei Uhr nachmittags oder sechs Uhr abends. Zusätzlich werden regelmäßig besondere Fastenzeiten ausgerufen. Die Gefangenen sind sich bewusst, dass im Glaubensakt des Fastens besonders große geistliche Kraft freigesetzt wird. Zusammen mit Gebet ist dies eine wirksame Vorbereitung wie auch eine Waffe für den geistlichen Kampf. Für besondere Anliegen werden spezielle Fastenzeiten ausgerufen. Die Leiter der Gemeinde nehmen dabei immer die Führungsrolle ein. Oft ist das Fasten nur für die Leiter. Fastenzeiten von drei Tagen sind nicht ungewöhnlich. Viele jedoch haben bedeutend länger gefastet.

Tägliche Aktivitäten

Mit dem Wecken um sechs Uhr morgens beginnen die Aktivitäten des Tages. Als Teil der Gemeinde übernimmt jeder der Glaubensbrüder entweder seinen Teil in der Gebetskette, studiert die Bibel oder kümmert sich um seine persönlichen Angelegenheiten. Einige der Brüder arbeiten in dem Rehabilitationsprogramm des Gefängnisses, was ihnen täglich acht Stunden Arbeit verschafft. Diejenigen, die nicht an diesem Programm teilnehmen, verbringen etwa dreiundzwanzig Stunden am Tag in den Zellenblocks. Genügend Beschäftigung gibt es in den christlichen Blocks jedoch für alle Inhaftierten.

Soziale Strukturen

Bemerkenswert ist auch, dass durch Christus die Sozialstruktur des Gefängnisses dramatisch verändert wurde. Im normalen Gefängnisleben werden Diebe als die soziale Oberschicht angesehen, Sexualverbrecher und Triebtäter, die sich an Kindern vergehen, als die absolute Unterschicht. Dazwischen liegen Mörder und Kidnapper. Die Gefangenen werden je nach den begangenen Verbrechen in Zellenblocks eingewiesen, Diebe mit Dieben etc. In den christlichen Zellenblocks jedoch wird kein Unterschied zwischen einer Art des Verbrechens und einer anderen gemacht. Alle sind gleichberechtigte Teile der Gemeinde Jesu Christi und haben durch ihn ein neues Leben erhalten.

Der »Zehnte«

In der Gemeinde ist es Pflicht, zehn Prozent seines Besitzes abzugeben. Da Bargeld im Gefängnis verboten ist, muss ein

Gefangener jedesmal, wenn ihm ein Freund oder Familienmitglied etwas mitbringt, der Gemeinde zehn Prozent davon abgeben. Die Gemeinde verteilt dann das Empfangene im Gefängnisspital oder an Bedürftige innerhalb und außerhalb des Gefängnisses. Viele Häftlinge wurden von ihren Familien verlassen und in diesen Fällen springt die Gemeinde ein, um ihnen zu helfen. Sie hilft auch den notleidenden Familien einiger Gefangener. Einmal gab die Gemeinde auch Geld an eine Hilfsorganisation, die den Betroffenen einer Überschwemmungskatastrophe in einem anderen Teil Argentiniens Hilfsgüter sandte.

Leiterschaft

Im Augenblick wird die Gemeinde von Ramón Avalos geleitet, einem Pastor und Strafgefangenen, der seit etwa sieben Jahren gläubig ist. Seit Bestehen der Gemeinde haben sich neun Pastoren in der Leitung abgelöst und normalerweise teilen sich zwei oder drei Männer diese Position. Dazu üben etwa sechzig bis siebzig Brüder verschiedene Leitungsaufgaben in der Gemeinde aus. Die Leiter werden in einer Bibelschule ausgebildet, die innerhalb des Gefängnisses geführt wird. Die Gemeindemitglieder werden fortwährend unterrichtet und alle Leiter kommen aus den eigenen Reihen. Nur nach genauester Beobachtung und bestem Training wird ein Mann in eine Leiterschaftsposition eingesetzt. Jeder Zellenblock hat seine eigenen Leiter. Der Leiter eines Zellenblocks übt das pastorale Amt über die fünfzig bis sechzig Männer aus, die mit ihm zusammenleben. Seine Verantwortungsbereiche umfassen das christliche Verhalten und die Betreuung der Männer sowie die Gemeindeversammlungen in den Zellenblocks dreimal pro Woche. Ebenso hat jede der vier Zellen im Zellenblock einen Leiter, der im Dienst des Zellenblocks mithilft.

Pastoraler Dienst

Die Pastoren, die selbst als Strafgefangene dort leben, sind die wahren »Hirten der Herde«, viel mehr als die Pastoren, die von außen zu Besuch kommen. Sie leben vierundzwanzig Stunden am Tag mit den »Schafen«. Ihr Leben steht unter ständiger Beobachtung und ihr Dienst wird meist permanent in Anspruch genommen. Oft werden sie nachts zu jemandem gerufen, bei dem sich dämonische Manifestationen eingestellt haben. Befreiung von dämonischen Geistern ist eines der häufigsten Elemente des pastoralen Dienstes. Diese Pastoren müssen in ständiger Bereitschaft leben, von Gott immer wieder mit neuer Kraft, Autorität und klarem Urteilsvermögen ausgestattet zu werden, um ihren Dienst ausüben zu können. Sie beten für Heilung, sind als Seelsorger für ihre gläubigen Mitgefangenen tätig, unternehmen viele evangelistische Einsätze und machen Krankenbesuche im Gefängniskrankenhaus. Bei der Gefängnisleitung haben sie sich so viel Respekt erworben, dass sie sich nun im ganzen Gefängnis frei bewegen können.

Heilung und Befreiung

Viele dramatische Berichte liegen vor von Gefangenen, die von allen möglichen Krankheiten geheilt wurden, von Geisteskrankheiten bis hin zu AIDS. Gott scheint es zu genießen, seine Kraft gerade dort zu zeigen, wo die Zerstörungskraft des Bösen in der Vergangenheit soviel Verwüstung angerichtet hat. Befreiung geschieht im Gefängnis beinahe jeden Tag. Dieser Dienst war der Schlüssel zur schnellen Expansion der Gemeinde und zu der geistlichen Autorität der Leiter. Die Gemeinde ist immer bereit, für jede Not zu beten, sei sie körperlich, emotional oder geistlich. Ganze Bände könnten gefüllt werden mit Berichten von Leben, die völlig verändert wurden durch die Bereitschaft, sich immer wieder in allem allein auf Gott zu verlassen.

Gottesdienste

An sechs Tagen in der Woche finden drei- bis vierstündige Gottesdienste mit Lobpreis, Anbetung, Gebet und Predigt statt. Drei Tage in der Woche werden diese Gottesdienste in den Zellenblocks selbst gehalten, wobei die Leiter der Zellenblocks die Verantwortung tragen. An den übrigen drei Tagen finden die Gottesdienste in der katholischen Kirche auf dem Gefängnisgelände statt. 600 bis 800 Männer kommen dort zusammen, um Gott zu preisen, anzubeten und mehr über ihn zu erfahren. (Stand Mai 1997: Sie haben heute das Problem, dass von den 1 480 getauften Christen nur ca. 1 000 in die katholische Kirche, den größten Versammlungsort auf dem Gefängnisgelände, passen!) Mittlerweile sind nur noch sehr wenige Gefängniswärter anwesend, da sie sich als völlig überflüssig erwiesen haben – eine Situation, die in einem Gefängnis dieser Art bisher absolut unvorstellbar war!

Die Gottesdienste selbst verdienen besondere Erwähnung. Die Grundfesten des Gefängnisses erzittern im wahrsten Sinne des Wortes unter der Macht der Loblieder. Eine unglaubliche Kraft wird freigesetzt, wenn die Gefangenen mit dem Gebet beginnen. Es ist fast unmöglich, in diesen Gottesdiensten keine packende Begegnung mit Gott zu erleben. Viele Besucher, sowohl aus Argentinien als auch von den verschiedensten Orten der Erde, erleben, dass auch ihr Leben von der einzigartigen Erfahrung verändert wird, wenn sie zusammen mit diesen hingegebenen Männern Gott anbeten. Die Leute bezeugen, dass sie die Gegenwart Gottes noch nie so stark empfunden hatten oder dass ihr Leben so dramatisch verändert wurde. Einer der Gottesdienstbesucher erklärte: »Endlich habe ich kennen gelernt, wonach ich mich mein ganzes Leben lang gesehnt habe: wahre Erweckung!«

Es ist unmöglich, die Anbetung im Gefängnis mit Worten angemessen zu beschreiben, man muss sie selbst erleben. Es ist ein seltsames Gefühl, wenn man bedenkt, dass die Menschen, mit denen man Gott anbetet, vielleicht abgestumpfte Kriminelle waren, ehemalige Mörder und Sexualverbrecher, der »Abschaum der Gesellschaft«. Am konkreten Beispiel von ehemaligen Verbrechern mit eigenen Augen zu sehen, wie groß die Gnade Gottes ist, bewegt auch das härteste Herz.

Evangelisation

Im Augenblick geschieht die Evangelisation beinahe automatisch durch die Anziehungskraft der christlichen Zellenblocks. Die Männer wollen Teil dieser Bewegung Gottes sein und sehen, dass sich auch ihr Leben ändern kann. Aus diesem Grund versuchen sie, Zugang zur Gemeinde zu bekommen. Auch Nichtchristen können die Gottesdienste besuchen, die dreimal wöchentlich in der Kapelle auf dem Gefängnisgelände stattfinden. Einige der gläubig gewordenen Gefangenen verteilen an den Besuchstagen Heftchen mit christlichen Inhalten. Die Pastoren der Gemeinde besuchen die Zellenblocks der Nichtchristen – was jedesmal akute Lebensgefahr bedeutet –, um den Inhaftierten ihre Geschichte zu erzählen und das Evangelium zu bringen.. Auch Familienangehörige und Freunde von Inhaftierten kommen zum Glauben an Jesus Christus, wenn sie erkennen, welche Veränderungen bei den Gefangenen zu sehen sind. Oft werden ganze Familien geheilt und wieder vereint.

Ein weiteres wichtiges Missionsfeld ist das Krankenhaus. Für die Männer ist es demütigend, im Gefängnis und gleichzeitig noch im Krankenhaus zu sein – so tief unten, wie man nur sinken kann. Plötzlich taucht ein Team von Christen aus der Gefängnis-Gemeinde auf und bringt ihnen das Evangelium, kümmert sich um ihre Bedürfnisse, badet und rasiert sie und bringt ihnen sogar etwas zu essen. Diese vielschichtige Strategie zur Verbreitung des Evangeliums führte dazu, dass immer mehr Menschen umkehren.

Theologie

Die Theologie im Gefängnis ist sehr praxis- und hautnah. Fragen nach geistlicher Vollmacht und Autorität sind von allergrößter Bedeutung, um das tägliche Leben zu meistern. Geistliche Sensibilität wiegt schwerer als intellektuelle Schärfe. Theologische Konzepte zu verfeinern ist nicht lebensnotwendig, die Kraft zur Veränderung von Leben dagegen sehr wohl. Die Inhaftierten müssen ihr Leben als Christen im wahrsten Sinne des Wortes mitten in einem Kriegsgebiet führen, was effektive Waffen und nicht theologische Betrachtungen erfordert. Alle Leiter erhalten eine theologische Ausbildung, aber das Fundament ihrer Autorität kommt von einem fehlerlosen Lebenswandel und gottgegebener geistlicher Autorität. Die bekehrten Häftlinge beobachten ihre Leiter ständig, so dass kein Raum für Inkonsequenz bleibt. In dieser Umgebung können die Leiter kein Christensein vortäuschen. Auf Grund der praktischen Bedürfnisse der Inhaftierten ist eine Theologie, die ihnen immer wieder neue Kraft gibt, lebenswichtig. Die Gemeinde verlässt sich auf dieselbe Kraft, die die Apostel an Pfingsten erhielten, das heißt, den Heiligen Geist, ohne sich irgendeiner speziellen Denomination anzuschließen.

Kapitel 4

Die Auswirkungen der Erweckung

D as Reich Gottes wird durch den dynamischen Dienst der Gemeinde *Christ the Only Hope* schnell vorangetrieben. Tausende von Menschen sind im Gefängnis durch das Evangelium verändert worden. Das »Licht, das in der Finsternis erstrahlt«, hat im Olmos-Gefängnis geistliche, körperliche und soziale Veränderungen hervorgebracht. Dieselben Auswirkungen sind auch in anderen Gefängnissen festzustellen, während sich die Erweckung ausbreitet (vgl. auch im Anhang dieses Buches). Die ganze Gesellschaft spürt diesen unermesslich positiven Einfluss, während die Erweckung die straffällig gewordenen Menschen verändert. Das sind die Auswirkungen der Erweckung!

Die Gemeinde gewinnt die Anerkennung der Nichtchristen

Wie die Gemeinde in Jerusalem, von der uns in der Apostelgeschichte berichtet wird, die Gunst der Einwohner der Stadt hatte, so hat auch die Gemeinde im Gefängnis die Anerkennung und den Respekt der übrigen Gefangenen und der Gefängnisleitung gewonnen. Ich berichtete ja bereits von einem der Gefängnisdirektoren, der von dem Dienst tief beeindruckt war. Er beobachtete, wie sich das Leben der Inhaftierten änderte und sie zu disziplinierten Menschen wurden, die sich am göttlichen Maßstab orientierten. Als er uns seine Bewunderung für den Dienst mitteilte, klang er eher wie ein stolzer Vater und nicht wie ein Außenstehender. Ebenso gewann die

Gemeinde die Gunst vieler Nichtchristen, indem sie ihre Nächstenliebe praktisch zeigte und sowohl für ihre Glaubensbrüder in der Gemeinde als auch für die übrigen Gefangenen sorgte.

Etwa 800 bis 1 000 Gefangene besuchen die riesigen Gottesdienste in der katholischen Gefängniskirche. Dies ist zweifelsohne die größte Versammlung von Schwerstverbrechern in dem Hochsicherheitsgefängnis, die auf dem Gelände überhaupt jemals zugelassen wurde. Und dennoch ist die Anzahl der Wärter gering.

Die Angestellten des Gefängnisses zeigen der Gemeinde gegenüber eine konstant positive Haltung. Jedesmal, wenn wir große Gruppen zum Besuch der Gemeinde ins Gefängnis brachten, waren die Behörden ausgesprochen hilfsbereit. 1994 wurde ich sogar zu einem Gespräch mit dem Direktor des gesamten Gefängnissystems der Provinz Buenos Aires eingeladen. Er zeigte sich sehr interessiert an dem Dienst der Gemeinde und bat um weitere Informationen. Dies ist eine unglaubliche Veränderung im Vergleich zu der Situation von vor zehn Jahren. Als Juan Zuccarelli seinen Glauben an Jesus Christus öffentlich bekannte und seine Arbeit im Gefängnis antrat, wurde er beschimpft und verachtet. Doch viele von denen, die einst die Christen verachteten, sind heute treue Nachfolger Jesu Christi. Diese neue Haltung der Akzeptanz ist seit 1984 immer mehr auch landesweit festzustellen. Doch nirgendwo in Argentinien sind die Auswirkungen der Erweckung stärker zu spüren gewesen als im Olmos-Gefängnis.

Die Auswirkungen der Erweckung auf die Gewalttätigkeit der Häftlinge

Seit der Gründung der Gefängnis-Gemeinde haben die Gewaltakte drastisch abgenommen. Vor der Gründung der Gemeinde terrorisierten die *pitufos* (in Kapuzen-Sweatshirts gekleidete Gefangene) die gesamte Belegschaft des Gefängnisses. Die Gemeinde, die soeben erst im Begriff stand, sich in christliche Zellenblocks zu formen, begann zu beten. Es wird erzählt, dass die Gebetsnächte dadurch begannen, dass Männer wegen der Bedrohung durch die *pitufos* die ganze Nacht Wache standen und beteten. Diese Schreckensherrschaft endete schließlich, etwa zur selben Zeit, als die Christen die Gemeinde in sechs Zellenblocks auf dem vierten Stockwerk des Gefängnisses zusammengebracht hatten. Dies war eine klare Antwort auf ihre Gebete!

Das Olmos-Gefängnis, das bisher immer das Machtzentrum für Aufstände im Gefängnissystem der ganzen Provinz gewesen war, geht heute in den seltensten Fällen auf die Aufrufe zur Rebellion ein. Einmal wurde von einem anderen Gefängnis ein Hungerstreik ausgerufen und die Unterstützung der übrigen Gefängnisse gefordert. Mehrere Gefängnisse schlossen sich diesem Druckmittel an, um die Behörden zu Veränderungen zu zwingen. Auch die Leiter der Gemeinde erkannten, dass die Anliegen der Gefangenen gerechtfertigt waren, und beschlossen, in der Gemeinde ein Fasten auszurufen, um zu beten und eine Lösung für das Problem zu suchen. Auf diese Art unterstützten sie ihre Mitgefangenen und gehorchten dennoch den Behörden. Bei einer anderen Gelegenheit im Jahre 1993 flammten ständig neue Aufstände in Gefängnissen der Provinz auf. Anders in Olmos: Das Gefängnis, ehemals der große Anstifter und Anführer von Aufständen, hatte sich verändert. Olmos war nun ein unwilliger und halbherziger Nachzügler in Aufständen und ein Anführer in der Erweckung.

Die Erweckung breitet sich auf andere Gefängnisse aus

Scheinbar war Olmos der Schlüssel zum Gefängnissystem der ganzen Provinz, genau wie das vierte Stockwerk der Schlüssel zu Olmos war. Als das vierte Stockwerk zu Jesus Christus umkehrte, geschah dasselbe mit dem gesamten Gefängnissystem der Provinz. Es ist, als sei das vierte Stockwerk dieses Gefängnisses das (geistliche) Machtzentrum aller Gefängnisse der Umgebung gewesen: zuerst eine dämonische Festung, aber jetzt war jeder einzelne Zellenblock dem Reich Gottes übereignet worden. Dies ist ganz zweifelsohne einer der Gründe, warum sich die Erweckung auf so dramatische Weise auf den Rest des Gefängnissystems ausgebreitet hat.

Die Erweckung hat sich von Olmos aus auf mehrere Gefängnisse ausgedehnt. In vielen der Gefängnissen der Provinz begannen die evangelistischen Einsätze stark zuzunehmen. In zwei weiteren Gefängnissen existieren Gemeinden von mindestens 200 Inhaftierten, nicht ganz so groß also wie die Gemeinde in Olmos, doch sind auch die Gefängnisse viel kleiner. Olmos ist ein Gefängnis für Männer, die auf ihre endgültige Verurteilung warten. Wird dann das Urteil verkündet, wird der Gefangene in ein anderes Gefängnis der Provinz verlegt. War der Verurteilte während seines Aufenthalts in Olmos Mitglied der Gemeinde, wird er nun ein »Missionar« im neuen Gefängnis.

In der Gemeinde in Olmos wird gerade ein neues Programm in Angriff genommen. Zusammen mit den Behörden wählen die Gemeindeleiter Inhaftierte aus, um sie in andere Gefängnisse zu verlegen, mit der Aufgabe, dort einen Dienst zu beginnen. Diese Missionare, die selbst Strafgefangene sind, gründen neue Gemeinden, stärken die Gläubigen und verbreiten das »Olmos-Geheimnis« für den Gefängnisdienst. Geschah dies früher ohne Planung oder offizielle Anerkennung, so wird es nun von den Behörden unterstützt.

Einmal hatte ich die Gelegenheit, eine der neuen Gemeinden in dem Gefängnis von *Sierra Chica* zu besuchen, einem Hochsicherheitsgefängnis für Straftäter, die lange Haftstrafen abzusitzen haben. Ich hatte das Vorrecht, den zweihundert Männern, die sich zu einem Taufgottesdienst versammelt hatten, aus dem Wort Gottes zu predigen. Über vierzig Männer wurden an diesem Tag getauft. Danach besuchte ich die Zellenblocks der Inhaftierten. Ich wurde dem Pastor der Gemeinde vorgestellt sowie seinem Kopastor und dem Evangelisten. Sie alle waren von der Gemeinde im Gefängnis Olmos hierher verlegt worden. Der Evangelist ging zu einem der Gefängniswärter und erinnerte ihn daran, dass er bei ihrem letzten Gespräch zugestimmt hatte, Christ zu werden. So zog der Evangelist den Wärter in die Zelle des Pastors zusammen mit mir und den beiden Pastoren. Dann bat er mich, den Wachhabenden bei seiner Lebensübergabe zu führen und zu begleiten. Also beteten wir zusammen für den Mann und dieser nahm Christus als seinen Herrn und Erlöser an. Dieses Ereignis veranschaulicht mindestens vier Aspekte dieses Dienstes:

1. die Gunst, die diese Männer bei den Gefängnisbehörden erworben haben;
2. ihren Mut, wenn sie das Evangelium predigen;
3. die Leichtigkeit, mit der das Evangelium angenommen wird;
4. die Tatsache, dass sich die Erweckung, die in Olmos begonnen hat, ausbreitet.

Die Erweckung öffnet Türen

Die Auswirkungen der Erweckung waren so stark zu spüren, dass die Verwaltung des Gefängnissystems im Dezember 1994 einen hohen Beamten, Daniel Tejeda, als Verantwortlichen für die nichtkatholischen religiösen Gruppen in den Gefängnissen der ganzen Provinz einsetzte. Dies ist ein revolutionäres Zeichen der Anerkennung von Seiten der Behörden. Dieser Mann, der 1990 zum Glauben kam, kann heute Türen öffnen und den christlichen Dienst in den Gefängnissen fördern wie nie zuvor. Seine Position wird eine Möglichkeit bieten, die Gemeinde vor Verfolgung von Seiten der Behörden zu schützen. Er ist ein Mann mit Weitblick, der den gesamten Nutzen ziehen möchte aus dem, was Gott gerade bewirkt.

Die Erweckung fördert physische Veränderungen

Ein weiteres Zeichen für den Einfluss der Gemeinde auf das Gefängnis ist auf den ersten Blick zu sehen. Der alles beherrschende Wasserturm in der Mitte des Gefängnisses wurde mit Hilfe von Spenden, die die Gemeinde erbat, völlig neu gestrichen. Dies ist symptomatisch für die neue, saubere Atmosphäre, die das ganze Gefängnis durchdringt. Eine Runde durch die Wohnräume der Inhaftierten zeigt dasselbe. Die christlichen Zellenblocks sind lichtdurchflutet und hübsch gestrichen, eindrucksvolle christliche Motive zieren die Wände des Speisesaales in jedem Zellenblock. In diesem Bereich versammelt sich die Gemeinde in jedem der zwanzig Zellenblocks dreimal pro Woche. Jeder dieser Zellenblocks ist mit einer selbst gezimmerten Kanzel für die Gottesdienste ausgestattet. Trotz der starken Überbelegung sind die Zellen sauber und ordentlich.

Im Gegensatz dazu die nichtchristlichen Zellenblocks: Sie sind dunkel, schmutzig und deprimierend. Die Gefahr ist ein ständiger Begleiter, die Hackordnung unumstößlich. Normalerweise wird einer der Gefangenen zur »Frau« des Zellenblocks erklärt und ist zuständig für das Putzen, Kochen, ja sogar für die intimen Bedürfnisse seiner Mitgefangenen. Unmoral ist vorherrschend. Das Leben dort ist wie eine Studie über die Art und Weise, wie sich das Reich der Finsternis ausprägt, das heißt, wie Leben aussieht, wenn man nicht mit Gott, sondern mit dem Satan lebt.

Die Gemeinde wächst weiter

Stellen Sie sich einmal vor, Sie würden jedes Jahr ein Drittel Ihrer Gemeindemitglieder verlieren oder die Mitgliedschaft Ihrer Gemeinde würde alle drei Jahre fast vollständig ausgetauscht. Das ist eine entmutigende Aussicht. Doch inmitten der Erweckung wird dieses Problem gelöst: Man muss einfach mehr Menschen dazugewinnen, als man verliert. Für *Christ the Only Hope* bedeutet das, dass sie jedes Jahr mindestens 10 % der Insassen für Christus gewinnen müssen, um weiter vorwärtszugehen. Das war ihr Modell von Gemeindewachstum. Die folgende Grafik illustriert das spektakuläre und immer noch steigende Wachstumsmuster der Gemeinde.

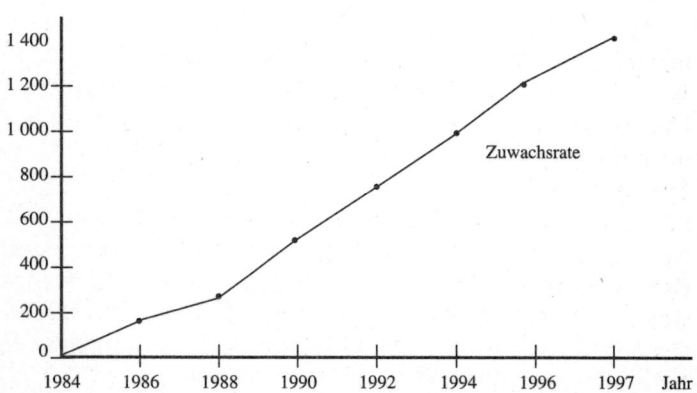

Die Gemeinde verliert Mitglieder, weil Inhaftierte ihre Strafe abgesessen haben oder in andere Gefängnisse verlegt werden. Die Taufstatistik zeigt jedoch, dass diese Anzahl jeweils mehr als nur ersetzt wird. Im März 1992 wurden 245 neu zum Glauben Gekommene getauft. Im September desselben Jahres wurden weitere 145 Männer getauft. Dann, im April 1993, wurden weitere 285 Personen durch die Taufe in die Gemeinde aufgenommen.

Obwohl das Gemeindewachstum spektakulär gewesen ist, ist doch das eigentliche Ziel der Gemeinde, das ganze Gefängnis für Christus einzunehmen. Folgende Zahlen belegen, wie sie erfolgreich dieses Ziel ansteuern.

Prozent der für Christus gewonnenen Inhaftierten	
1984	0,5 %
1986	5 %
1988	8,3 %
1990	16,7 %
1992	25 %
1994	32 %
1995	40 %
5/1997	44,85 %

Männer, die Christen sind, jedoch außerhalb der christlichen Zellenblocks leben, werden nicht zur Gemeinde gerechnet. Juan Zuccarelli schätzte die Zahl dieser Gläubigen einmal auf 400 bis 500. Zählen wir diese Christen zu den Mitgliedern der Gefängnisgemeinde hinzu, sind es heute bereits über 50 % der

Insassen, die Jesus Christus als ihren Herrn und Erlöser angenommen haben.

Folgende Grafik illustriert dies:

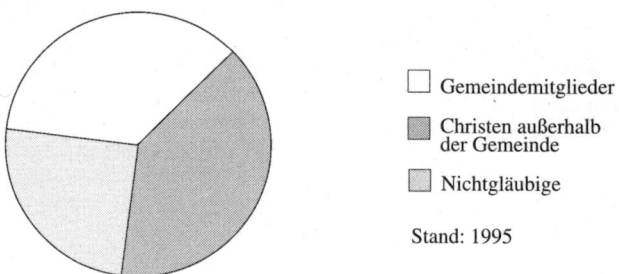

☐ Gemeindemitglieder

▨ Christen außerhalb
   der Gemeinde

▨ Nichtgläubige

Stand: 1995

Die Erweckung ermöglicht soziale Rehabilitation

Die Mitglieder der Gefängnisgemeinde können sich prozentual gesehen sehr viel leichter wieder in die Gesellschaft eingliedern als nichtgläubige Gefangene. Wie ich bereits zu Beginn dieses Buches geschrieben habe, lautet einer der Lieblingsaussprüche dieser Christen: »Weder meine Mutter oder die Tortur mit Elektroschocks noch Schläge von der Polizei konnten mein Leben verändern. Nur Jesus Christus konnte das tun.« Ein ehemaliger Gefängnisdirektor berichtet, dass die Rehabilitationsrate unter den Gefangenen, die Mitglieder der Gefängnisgemeinde waren, 100 % betrug. Eine etwas vorsichtigere Studie zeigt, dass die korrekte Zahl tatsächlich knapp über 99 % liegt. Menschen werden für immer verändert, das ist etwas, dass nur Gott allein bewirken kann!

Auswirkung auf Gefängnisse im Ausland

Die Olmos-Gemeinde versucht, ihre Vision einer vollständigen Gemeinde im Gefängnis an andere Haftanstalten weiterzugeben. Dies versuchten sie bis jetzt in Mexiko, Peru, USA, in China und in Zukunft dort, wohin Gott sie führen wird.

Anfang Mai war Zuccarelli in China, um dort Gefängnisse zu besuchen und die Vision von der voll funktionstüchtigen Gemeinde im Gefängnis weiterzugeben.

Mexiko

Juan Zuccarelli und Carlos Annacondia besuchten ein Gefängnis, in dem es nur 4-5 Christen gab. Der Direktor war streng katholisch; Besuch von evangelischen Christen und Pastoren wurde eigentlich gar nicht erlaubt. Zuccarelli wollte predigen, Annacondia lieber sofort beten. Als sie letzteres taten, wurden die Zuhörer vom Heiligen Geist berührt und fielen zu Boden. Die Nichtgläubigen, die sich zunächst darüber lustig gemacht hatten, wurden neugierig und baten ebenfalls um Gebet.

Eine Woche später kamen Zuccarelli und Annacondia zurück und der Direktor bat sie um ein Gespräch. Die Männer, für die sie gebetet hatten, seien so verändert. Was sie denn getan hätten? Sie erklärten ihm das Evangelium von der Kraft und Gnade Gottes und beteten mit ihm ein Gebet der Lebensübergabe. Auch er erlebte, welche Veränderungen die Kraft des Heiligen Geistes bewirken kann! Danach fragte er sie, was sie benötigten, um ihre Arbeit in seinem Gefängnis fortzuführen. Sie baten um einen Versammlungsraum und darum, dass diejenigen, die Jesus als ihren Herrn und Erlöser in ihr Leben aufgenommen hatten, zusammen wohnen und Besuch von Pastoren aus Freikirchen empfangen dürften. Alles wurde ihnen auf der Stelle zugesichert. So war in nur einer Woche eine kleine Gemeinde im Gefängnis entstanden!

USA

Olmos betete für ein Gefängnis in Kalifornien, in dem ausschließlich zum Tode Verurteilte auf ihre Hinrichtung auf dem elektrischen Stuhl warten. Zuccarelli besuchte auch dieses Gefängnis und predigte den Insassen das Evangelium. Mehrere Männer nahmen Jesus in ihr Leben auf und drei der Häftlinge, denen die Behörden bereits das Datum ihrer Hinrichtung mitgeteilt hatten, wurden begnadigt oder zumindest wurde die Hinrichtung aufgeschoben! Einer der Leiter der kleinen Gruppe von Christen in diesem Gefängnis hätte im Januar hingerichtet werden sollen, auch er erhielt einen Aufschub seiner Strafe!

Die Geschichte von
Ramón Avalos

E rlebnisbericht von Ramón Avalos, der mehrere Jahre als Pastor die Gemeinde im Hochsicherheitsgefängnis in Olmos leitete und seit Dezember 1996 in Freiheit ist. Er ist 34 Jahre alt, verheiratet und Vater von 5 Kindern.

Meine Name ist Ramón Avalos und ich bin Gott dankbar dafür, dass ich dieses Zeugnis mit anderen teilen kann.

Schon als ich noch ein Kind war, waren meine Beziehungen zu meinen Eltern sehr gespannt. Ich wurde von meinen Geschwistern väterlicherseits getrennt (wir haben den gleichen Vater, aber eine andere Mutter), musste aber ohne Mutter aufwachsen, bis ich neun Jahre alt war.

So hatten sich von klein an sehr viel Hass und sehr viel Bitterkeit gegen die Menschen in mir aufgestaut. Als ich fünf Jahre alt war, wurde ich von meinen vier Brüdern väterlicherseits vergewaltigt. Auf Grund dieser Geschehnisse war ich während meines ganzen späteren Lebens immer wieder krank und musste mich sehr oft medizinischen Behandlungen unterziehen.

Ich konnte und wollte auch meine Mutter nicht akzeptieren, weil sie zugelassen hatte, dass ich von Haus zu Haus weitergeschoben wurde und kein festes Zuhause hatte.

Außerdem habe ich erlebt, was es heißt, mit einer Kette an ein Bett angekettet zu sein und 12 Stunden stehen zu müssen, weil sie mich nicht hinauslassen wollten. Wegen all dieser Umstände wuchsen in mir Zorn und Hass.

Meine Mutter lernte ich erst kennen, als ich bereits neun Jahre alt war. Sie tauchte plötzlich mit einem anderen Mann auf und wir zogen zusammen. Auf Grund der ganzen Wut, die sich in mir aufgestaut hatte, rebellierte ich gegen diesen Stiefvater und gegen sie. Kurze Zeit später begann ich zu arbeiten, um zusammen mit ihnen ein Haus bauen zu können. Als ich jedoch 11 Jahre alt war, traf ich eine Entscheidung: Raus hier! Ich begann einen Streit mit meinem Stiefvater und bin dann abgehauen.

Nun begann ein anderes Leben, ein Leben zwischen Drogenabhängigen, Straftätern, Prostituierten und Homosexuellen. Ich lernte schnell ihre Lebenswelt kennen und begann, die Dinge zu tun, die viele dieser Menschen tun und getan haben – Verbrechen nicht ausgenommen. In diesem Bereich wurde ich sogar ziemlich berühmt, denn für all die Dinge, die ich getan habe, wurde ich nie gefangen genommen. Für die anderen war das etwas besonders Gutes. Ich sah aus wie ein »guter« Mensch und ging bei meinen Verbrechen clever vor.

Mit 14 Jahren setzten bei mir epileptische Anfälle ein und mein Verstand schien oft auszusetzen. Die Ärzte sagten mir, dass mir diese mentalen Absenzen in Zukunft viele Probleme bereiten würden. Wenn ich mich in einem solchen Zustand befand, war ich plötzlich völlig weggetreten und wollte mir und auch anderen Schaden zufügen. Es war eine Art Nervenkrise. Als ich nach einem solchen Anfall wieder zu Bewusstsein kam, hatte man mich bereits in eine Zwangsjacke gesteckt und in ein Krankenhaus eingeliefert. Daraufhin versuchte ich, irgendwie wieder gesund zu werden. Weil ich jedoch noch minderjährig war, gab es für mich keine Hilfsangebote, so dass ich alleine versuchte, meine Lage irgendwie zu verbessern.

Als ich 18 war, kam die stärkste Attacke dieser Krankheit. Man lieferte mich in die psychiatrische Abteilung eines Krankenhauses in Buenos Aires ein. Zwanzig Tage war ich ohne

Bewusstsein in der Zwangsjacke. Die Ärzte kamen zu dem Schluss, dass ich nicht mehr fähig sei, in der Gesellschaft zu leben, und wollten mich in die geschlossene Anstalt in Olivera einweisen. Ich wusste, dass man, wenn man einmal in diese Anstalt eingewiesen wird, gewöhnlich nicht weiß, ob man jemals wieder lebendig herauskommt. Meine Halbschwester hatte von meinen Zustand erfahren und beschlossen, mir zur Flucht zu verhelfen. So gelang es mir, aus dem Krankenhaus zu fliehen. Ich wog zu diesem Zeitpunkt nur noch 45 Kilo und war auf Grund der starken Medikamente völlig am Ende. Meine Familie brachte mich daraufhin zu einem 91-jährigen Hexer, der mich heilen sollte. Dieser Mann führte mich in die Welt der Hexerei ein. Ich schloss einen Bund mit ihm und diesen Mächten und erlebte dadurch eine Art von Heilung.

Auf Grund meiner Krankheit musste ich jedoch täglich 20 Tabletten schlucken und war weiterhin auf der Flucht. Die nervösen Krisen und geistigen »Aussetzer« traten immer häufiger auf und wurden auch immer stärker. So war ich schließlich nicht mehr in der Lage zu arbeiten.

Kurz darauf lernte ich meine spätere Frau kennen. Zusammen traten wir in die *Umbanda* ein, eine Sekte von Hexern. Diese *Umbanda*-Gruppe in Buenos Aires war die wichtigste Gruppe dieser Art in Argentinien. Wir schlossen Pakte, führten verschiedene Rituale durch und ich stieg in der Hierarchie dieser Gruppe immer weiter auf. Schließlich war ich sogar die rechte Hand einer der Hexerinnen und hätte nur noch den letzten Bund mit dem Teufel schließen müssen, um selbst ein Hexer zu werden. Aber aus gewissen Gründen wollte ich einfach nicht weitermachen und bin dann ausgestiegen.

Ich war ständig auf der Suche nach innerem Frieden – ich suchte bei Drogen, Marihuana, Kokain, Amphetaminen, was auch immer –, aber ich konnte ihn nicht finden. Meine Verbrecherkarriere ging gleichzeitig immer weiter steil bergauf. Ich war so sehr mit Hass erfüllt, dass ich es nicht ertrug, wenn Menschen lachten. Ich konnte auch mit meiner Frau nicht wirklich zusammen leben. Ich habe sie gequält und geschlagen und wurde auch noch alkoholabhängig. Mit 25 wurde ich zum ersten Mal in meiner langjährigen kriminellen Laufbahn gefangen genommen. In meiner Umgebung schlug diese Nachricht ein wie eine Bombe und viele konnten es gar nicht glauben. Ich wurde schließlich für 28 Straftaten verurteilt. Außer Mord habe ich wahrscheinlich alle Verbrechen begangen, die man nur begehen kann.

Im Gefängnis bekam ich meine Medikamente nicht mehr und schließlich beschloss ich, mich umzubringen. Bevor ich gefangen genommen wurde, hatte ich bereits vier Selbstmordversuche hinter mir. Dieser Gedanke ergriff dann immer stärker von mir Besitz.

Zunächst versuchte ich, mich selbst anzuzünden. Doch ohne es zu wissen, erlebte ich Gottes eingreifende Hand: Ich hatte die Hände hinter dem Rücken mit Handschellen gefesselt und trug eine Lederjacke und ein Seidenhemd. Die beiden Kleidungsstücke sind fast restlos verbrannt, ich selbst jedoch kam unversehrt davon. Die Wärter wussten nicht, wo sie mich daraufhin unterbringen sollten, und so steckten sie mich dann in ein anderes Gefängnis. Die Anfälle von Wahnsinn traten jedoch immer häufiger auf und auch meine Mitgefangenen hatten Angst vor mir, weil ich wirklich gefährlich war. In der Folgezeit tat ich alles, um mich umzubringen. In Argentinien gibt es zum Beispiel die Palmolive-Creme zum Rasieren in Glasflaschen. Ich nahm die Creme heraus, zerbrach das Glas und aß es. An einem Tag schluckte ich die Scherben von zehn solcher Flaschen. Ich nahm auch die Rasiergeräte auseinander und aß die Klingen, weil ich mich zerstören wollte. Irgendwann hing ein offenes Stromkabel von einer Lampe herunter, das ich anfassen wollte, aber die anderen Häftlinge rissen mich zurück. Ich bin fest davon überzeugt, dass ich bei all diesen Selbstmordversuchen nicht gestorben bin, weil Gott mit meinem Leben noch etwas vorhatte.

So verlor ich schließlich völlig die Kontrolle über mich. Wieder wurde ich verlegt, dieses Mal in ein Gefängnis für psychiatrische Fälle. Dort sah man, welche »Karriere« ich bereits hinter mir hatte. Ich verlor sehr stark an Gewicht und tat Dinge, an die ich mich später überhaupt nicht mehr erinnern konnte, weil ich völlig »weggetreten« war.

Dann passierte etwas Seltsames. Ein Mitgefangener hatte – mit einer Ausnahme – die gleichen Vornamen wie ich. Dieser andere Gefangene sollte ins Hochsicherheitsgefängnis Olmos gebracht werden. Auf Grund der Namensgleichheit wurde jedoch *ich* dorthin verlegt. Dort brachte man mich zunächst in eine Zelle, in der ich umherrennen und mich einfach nur abreagieren sollte, bis ich schließlich völlig erschöpft umfiel. Dann erst konnten die anderen Gefangenen die Zelle betreten. Sie wollten jedoch, dass ich bliebe, weil sie meine Medikamente brauchten, die eigentlich Drogen waren. Aber sie wussten nicht, wie sie mit mir fertig werden sollten. Ich ließ niemanden schlafen, sondern habe die Leute geschlagen, permanent geschrien und mich an die Gitter gehängt. Vier bis fünf Tage verbrachte ich ohne Schlaf in diesem Zustand.

Aber es gab dort eine Gruppe von vier Häftlingen, die beteten. Die Christen wurden jedoch im Gefängnis verfolgt und mussten Schläge und Belästigungen ertragen. Man sagte gewöhnlich zu ihnen: »Ihr seid Feiglinge, weil ihr zu Jesus gekommen seid, und ihr seid zu nichts nütze, ihr Schwächlinge.« Wenn die Christen von den Gottesdiensten zurückkamen, haben die Mitgefangenen auf sie uriniert und schlimme Dinge mit ihnen getan. Einer von den anderen Gefangenen forderte die Christen schließlich heraus: »Ich mache euch ein Angebot: Wenn ihr mit dem Verrückten hier fertig werdet, so dass der uns nicht mehr länger belästigt, wenn ihr irgendwie auf ihn aufpassen könnt – denn wir können es nicht mehr, wir werden nicht fertig mit ihm –, dann werden wir euch beten lassen, dann werden wir euch sogar eine Extrazelle geben. Aber ihr müsst mit ihm irgendwie fertig werden.« Einer der Christen antwortete: »Ja, wir werden auf ihn aufpassen.«

An einem Samstag kamen Pastoren in meine Zelle und nahmen mich zum Gottesdienst mit. Pastor Flores aus Buenos Aires war gekommen. Plötzlich gab es ein großes Durcheinander, wie mir die Geschwister hinterher erzählten. Als ich kam, betete der Pastor gerade für andere, legte ihnen die Hände auf und befreite sie von Dämonen. Ich begann, sein Werk zunichte zu machen: Er befreite die Leute von den Dämonen und ich habe die Dämonen wieder gerufen. Die Leute fielen um und alle begannen wegen der Dämone zu schreien. Und dann kam der Pastor mit einer Gruppe von Geschwistern. Einer von ihnen hielt mich fest und der Pastor betete für mich und legte mir seine Hand auf. Der Heilige Geist erfüllte mich und warf mich um. Als ich wieder zu mir kam, sagte ich: »Ehre sei Gott.« Gott hatte sein Werk mit mir begonnen und ich bat ihn um Vergebung. Als ich dann auf den Gefängnishof hinausging, blickte ich auf die gegenüberliegende Kirche einer Gemeinde. Ich konnte dort viele Dämonen sehen, die aus den Gebäuden herauskamen und mir sagten, dass ich ihnen gehöre. Sie drohten, mich zu zerstören, wenn ich mich von ihnen lossagen würde. Ich müsste dem wieder absagen, was ich gerade getan hätte. Sie kamen, um mich anzugreifen, aber irgendetwas beschützte mich, so dass sie mich nicht verletzen konnten.

In der Folgezeit begann Gott, meinen Körper und meinen Geist zu heilen, so dass ich nach zwei Wochen keine Tabletten mehr benötigte. Durch ihn gelang es mir, von einer Reihe von Süchten loszukommen. Auf diese Weise veränderte Gott mein Leben und meine Beziehungen zu meiner Familien und meinen Mitgefangenen. Und ich glaube auch, dass es sein Plan war, dass ich vor sechs Jahren sogar zum Pastor hier in dieser Gefängnisgemeinde ernannt wurde. Als ich schließlich aus der Haft entlassen wurde, war die Gemeinde auf fast 2 000 Christen angewachsen.

Jetzt wollen wir ein Projekt in einem Viertel beginnen, in dem die Menschen sehr, sehr arm sind. Wir planen auch die Eröffnung einer Suppenküche, um vor allem den Kindern zu essen zu geben. Christus lebt! Amen

Ich danke Gott für die Diener, die er Argentinien gegeben hat. Einen Bruder, den ich sehr, sehr liebe und von dem ich sehr viel gelernt habe, ist mein Pastor Juan Zuccarelli. Auch den Dienst seiner Gemeinde, die mich mit so viel Liebe empfangen hat, schätze ich sehr. In schwierigen Zeiten hat er mir mit seinem Rat zur Seite gestanden. Er hat auch meiner Familie geholfen. Ich hoffe, dass alle, die meine Lebensgeschichte lesen, für ihn beten, denn ich bin sicher, dass Gott noch viele weitere Aufgaben für ihn hat und noch mehr durch ihn verändern will. Ich habe es am eigenen Leibe erlebt! Seine Liebe zu den Gefangenen, dem Dienst der Gemeinde, zu den Kranken- und Waisenhäusern und auch zu den Behinderten ist für viele ein Vorbild. Und Juan will nie, dass wir irgendwo stillsitzen, sondern dass wir arbeiten. Die Gefängnisgemeinde ist eine sehr gesegnete Gemeinde und ich bitte darum – diese Last möchte ich Ihnen jetzt auflegen –, dass Sie für ihn beten, wo immer Sie auch hingehen, und auch andere um Gebet bitten, damit ihn Gott weiter segnen kann; nicht nur in Argentinien, sondern wo immer Gott ihn auch hinführen will.

In Psalm 23 heißt es: »Der Herr ist mein Hirte, mir wird nichts mangeln.« Meine Frau sagt immer: »Der Herr ist mein Hirte. Aber auch der Pastor Zuccarelli ist mein Hirte.« Doch wir wissen, dass wir keine Götzendiener sein dürfen und sollen. Die Bibel erklärt uns, dass wir die ehren sollen, denen Ehre gebührt. Und die Liebe, die Gott uns gibt, ist wirklich etwas, das geehrt werden sollte. Und deshalb möchte ich Ihnen diese Last heute auflegen. Es geht jedoch noch um mehr bei dieser Bitte um Gebet. Wir haben eine Vision für die Familien der Gefangenen und der Ex-Gefangenen: Wir möchten einen Aufenthaltsort für die Angehörigen anbieten. Für die Gefangenen ist es immer ein großes Problem, dass die Familien aus finanziellen Gründen sehr oft nicht zu Besuch kommen können, und so wird die Gemeinschaft mit der Familie immer schwächer. Ich selbst habe auch die Erfahrung gemacht, dass meine Frau zum Gefängnis kam und drei bis vier Tage draußen auf der Straße schlafen musste, weil die Fahrt so teuer war – vor allem, wenn sie auch die Kinder mitgebracht hatte. Viele Männer hielten sie dann für eine Prostituierte und machten ihr Angebote. Doch meine Frau sagte: »Bevor ich mich an irgendjemanden verkaufe, würde ich lieber draußen auf der Straße schlafen.« Und das hat sie dann auch wirklich getan.

Als sie dann nicht mehr kommen konnte, weil sie arbeitslos geworden war, ist die Situation fast unerträglich geworden. Sie beschloss jedoch, im Vertrauen auf Gottes Fürsorge trotzdem zu kommen, auch wenn sie kein Zimmer, nicht einmal ein Dach über dem Kopf hatte. So lebte sie mit den Kindern fast 21 Tage unter einem Maulbeerfeigenbaum gegenüber dem Gefängnis. Und Gott hat wirklich für sie gesorgt: Ein Christ bot ihr ein Zimmer in seinem Haus an. Irgendwann habe ich meine Frau gefragt: »Warum bist du nicht lieber zu Hause geblieben und nur einmal im Monat gekommen?« Sie antwortete: »Ich möchte, dass meine Kinder keinen Zweifel daran haben, wer ihr Vater ist. Und dass die Liebe, die sie dir heute zeigen, nicht ausgelöscht wird, weil sie dich nicht sehen können, sondern dass sie immer fühlen, dass du ihnen nahe bist, auch wenn sie dich nur Donnerstags, Samstags und Sonntags sehen.« Wir wünschen uns, dass wir die Mittel und die Möglichkeit bekommen, ein Übergangshaus zu erwerben, damit die Familien der Häftlinge das, was meine Frau durchmachte, nicht durchmachen müssen.

Ich glaube, dass auf Grund dieser schrecklichen Umstände viele ihre Kinder verlieren und die Kinder auf der Straße Opfer von Drogen und Gewalt werden. Aber unsere Vision ist es, dass wir dieses Haus wirklich bauen können, damit diese Dinge eben *nicht* geschehen und damit wir einen Ort haben, an dem wir wirklich helfen können.

Wir hoffen auch, dass wir Busse kaufen können, um die Familien, die sich ein Busticket nicht leisten können, dort, wo sie wohnen, abholen zu können. Außerdem ist es wichtig, dass wir die Familien während ihres Aufenthaltes in diesem Haus auch ernähren können.

Meine Familie hat während meines langen Gefängnisaufenthaltes sehr schlimme Sachen erlebt und wirklich sehr viel Not gelitten. Einmal fragte ich Gott: »Herr, warum müssen meine Familie und ich so schwierige Situationen durchleben? Herr, warum geschehen immer noch solche Dinge, wenn ich doch mit dir lebe? Du hast mir versprochen, dass ich entlassen werde. Aber ich glaube daran, dass du auch unter den schwierigsten Umständen bei mir sein wirst.« Und Gott antwortete mir: »Frag nicht, warum, frag mich, wozu.« Doch ich verstand damals noch nicht, was das bedeuten sollte. Aber heute vertraue ich auf den Herrn und habe durch all die Erfahrungen verstanden, dass Gott zugelassen hat, dass meine Familie und ich diesen Preis bezahlen, damit diese Vision in Argentinien überhaupt erst entstehen konnte. Vielleicht auch in anderen Ländern. An Gott zu glauben und ihm zu vertrauen, ist nicht immer einfach und viele Menschen müssen einen hohen Preis dafür bezahlen. Gott sprach zum Beispiel auch zu Abraham, dem »Vater des Glaubens«: »Gib mir deinen Isaak!« Abraham war gehorsam. Die Bibel beschreibt, dass er seinen Esel gesattelt und zwei Diener mitgenommen hat und drei Tage unterwegs war. Am dritten Tag erst hat Abraham den Ort gefunden. Er hatte also viel Zeit zum Nachdenken. »Soll ich es machen oder nicht? Wie soll ich nur meinen einzigen Sohn Gott opfern? Gott hat ihn mir doch gegeben und jetzt will er ihn mir wieder wegnehmen.« Abraham musste diese Zeit durchstehen, aber er blieb fest. Es ist sicher schwer, sich vorzustellen, was Abraham durchmachte. Ich denke, niemand würde seinen Sohn hergeben wollen. Aber als Abraham zum Altar kam, schaute Gott in sein Herz und sandte ein anderes Opfer.

1995 machte Gott mir deutlich, dass ich mit Pastor Zuccarelli reden und diesem klar machen sollte, dass ich wieder in die neuropsychiatrische Anstalt zurückkehren musste.

Pastor Zuccarelli hat zuerst gedacht, ich sei verrückt, weil es einfach unmöglich war, einen Gefangenen, der bereits verurteilt war, in die Klinik zurückzuschicken. Aber schließlich meinte er: »Okay, bete einfach zum Herrn. Mal schauen, was er tun kann.« Ich spürte, dass Gott wollte, dass die gesamte Gefängnisgemeinde für dieses Anliegen betet. Viele von meinen Mithäftlingen, aber auch die Gefängnisleitung kannten meine Geschichte. Wir haben durch dieses Zeugnis viele Gefangene für Jesus gewinnen können. Drei Monate später sagte mir Pastor Zuccarelli, dass der Chef der betreffenden Abteilung des Gefängnisses die Erlaubnis gegeben habe. Und nicht nur das: Der Direktor der neuropsychiatrischen Anstalt sagte, er wolle, dass ein Gefangener auch dort das Evangelium predige. So hat der Herr also alles vorbereitet und auch die entscheidenden Leute bewegt. Pastor Zuccarelli sagte diesem Direktor dann: »Ja, ich habe einen Verrückten dort drin, der sowieso zu euch wollte. Du kennst ihn. Es ist der Avalos.« Der Direktor kannte mich bereits aus Olmos und willigte ein: »Okay, das ist der richtige Mann. Ich werde mit den anderen

Verantwortlichen reden und um die Verlegung bitten.« Pastor Zuccarelli regelte dann die Angelegenheit und ich wurde tatsächlich versetzt, um meinen Dienst für Gott zu beginnen.

Als ich dort ankam, war es nicht einfach, weil ich Christ war. Ich wurde zunächst ziemlich brutal behandelt, machte ihnen aber deutlich: »Ich bin nicht hier, um mich von euch misshandeln zu lassen, sondern um das Evangelium zu predigen.« Doch sie sagten: »Du bist ja verrückt. Dann geh doch irgendwo in die Missionsarbeit ...« Ich hatte auch eine Menge Nahrungsmittel mitgebracht und Kleidung und Decken, die überall in Olmos gesammelt worden waren. Weil die Gefangenen dort kein Geld haben, geben sie ihren Zehnten in Form von materiellen Dingen, die sie selbst bekommen. Und alles, was wir gesammelt hatten, durfte ich als Geschenk für die Anstalt mitnehmen. Doch die Gefangenen wollten mir diese Dinge sofort stehlen. Sie sagten, ich käme von der Polizei, und einer drohte: »Dich werde ich umbringen, weil du gesagt hast, du seist gekommen, um hier das Evangelium zu predigen.« Ich antwortete ihm: »Hör mal zu, Christus liebt dich. Ich komme, um das Evangelium zu verkünden, ich komm nicht von der Polizei.« – »Und woher kommst du dann?« – »Ich komme aus Olmos, dem größten Gefängnis hier in Argentinien.« – »Ist mir aber ganz egal«, meinte er dann, »die Evangelischen wollen wir hier nicht haben.« Ein anderer Patient, der unserem Gespräch zugehört hatte, schaute mir ins Gesicht und sagte: »Ach, Sie sind der Pastor Avalos. Können Sie sich noch daran erinnern, dass ich mich damals in meiner Zelle angezündet habe, um mich umzubringen? Aber Sie haben mir an dem Tag geholfen, haben mir ein Neues Testament und Zucker gegeben und mit mir gesprochen. Am nächsten Tag bin ich versetzt worden, aber ich wollte mich nicht mehr umbringen. Ich danke Ihnen dafür, dass Sie mir geholfen haben. Und hier habe ich mein Neues Testament immer noch.« Er wandte sich an den Mann, der mich umbringen wollte: »Hör mir gut zu: Wenn du dem Mann Probleme machen willst, dann möchte ich dir eines sagen: Das wirst du nie schaffen! Alle Gefangenen lieben ihn sehr. Er ist der Pastor von Olmos. Und er hat dort zwei Stockwerke unter sich und sie respektieren ihn alle. Alle Abteilungen!« Der Mann erschrak und meinte zu mir: »Ich bitte dich um Vergebung. Ich wusste nicht, dass du Pastor bist und im Gefängnis arbeitest. Das hat mir zu verrückt geklungen. Aber jetzt werde ich dir, bei dem, was du hier tun willst, helfen.« An diesem Tag kam der junge Mann zum Glauben an Jesus Christus. Und so hat mein Dienst an diesem Ort begonnen. Nach zwei Wochen hatte ich bereits mit 40 Personen, die wir in einen Extrasaal gelegt hatten, die kleine Gemeinde *Christ the Only Hope* gegründet. Einen Monate später haben wir bereits 25 Personen getauft, die zum Glauben an Jesus gekommen waren. Zuerst wollte ich nur 10 bis 15 Tage dort bleiben, schließlich wurden es aber drei Monate. Und nicht nur das: Dort gibt es jetzt drei Abteilungen. Es gibt die ungefährlichen psychiatrischen Fälle in einem Teil und die gefährlichen in einem anderen. Die Gefährlichsten befinden sich noch in einer anderen Kolonie. Ich sprach mit dem Direktor darüber. Er meinte lediglich: »Okay, ich werde dir die Erlaubnis geben. Ich hoffe bloß, dass du nicht abhaust, denn das würde mich meinen Kopf kosten. Sollten sie mitbekommen, dass ich dich trotz der Verurteilung irgendwo anders hinbringe, dann geht meine Karriere den Bach hinunter. Und nicht nur das, ich werde dir auch keine Handschellen anlegen, ich werde dir einfach vertrauen. Zum allerersten Mal werde ich einem Gefangenen vertrauen.« So konnte ich also in diese Abteilung gehen und predigen und eine Gruppe von Gläubigen aufbauen, die sich nun um die Verbreitung des Evangeliums unter den schweren Fällen kümmern konnte. So schrieben wir Geschichte: Ich bin der erste Gefangene in Argentinien, der Pastor und

Missionar ist. Die Gefängnisleitung gewährte uns viel Bewegungsfreiheit: Wir konnten die Zellen verlassen und in jeder Zelle in dieser Abteilung blieben Geschwister und haben dort weiter evangelisiert. Es gab viele Kämpfe, denn es ist eine der schlimmsten Abteilungen, die ein Gefängnis im Allgemeinen hat, und Morde unter den Gefangenen sind nichts Ungewöhnliches. Wenn ein Gefangener erst einmal in die Neuropsychiatrie verlegt wurde, gibt es eigentlich kein Strafmaß mehr. Die Leute stehen ständig unter Drogeneinfluss. Sie nehmen morgens um 6 Uhr Medizin ein – bis zu sechs Tabletten auf einmal. Um 2 Uhr nachmittags nochmals das Gleiche. Und dann schlafen sie den ganzen Tag. Aus diesem Grund ist es jedoch sehr schwierig, dort zu predigen. Aber wir haben gesehen, dass für Gott nichts unmöglich ist.

Auch was die Hygiene betrifft, herrschten dort schreckliche Zustände. Viele dieser Gefangenen hatten Läuse und andere Insekten, weil sie sich nicht wuschen. Aber ich sah dort auch die Herrlichkeit Gottes: Die Männer begannen, sich wieder zu waschen und entwickelten sich weiter, weil Christus ihnen Hoffnung gab. Das war die Art von Mission, die ich dort ausführen sollte. Gott machte mir jedoch eines Tages deutlich, dass ich diese Männer auf den Dienst für ihn vorbereiten solle, denn irgendwann würde auch ich ja wieder entlassen. Weil meine Frau und ich jedoch so gut mit diesen Menschen befreundet waren, wollte ich eigentlich gar nicht mehr weg. Wir hatten im Gefängnis wirklich die Herrlichkeit Gottes gesehen. Wir haben gesehen, wie Leute, die sehr krank waren, meine Hand gepackt und auf ihre Stirn gelegt haben und um Segen baten, ohne reden zu können. Doch nachdem Gott zu mir gesprochen hatte, begann ich, die Männer vorzubereiten – und habe dort großartige Erfahrungen mit Gott gemacht. Eines Abends, bevor ich entlassen wurde, haben diejenigen, die dort für verrückt gehalten werden, eine Abschiedsfeier organisiert und sich auf diese Art und Weise bedankt – bei Gott bedankt und auch bei mir, weil Gott mich gesandt hatte. Am nächsten Tag begannen alle zu weinen. Ich habe ihnen zum Abschied gesagt, dass unsere Augen auf Jesus gerichtet sein müssen.

Es ist ein gewaltiger Auftrag, den der Herr uns gegeben hat, aber er gibt uns auch die Kraft, dass wir ihn wirklich ausführen können. Und wir freuen uns im Herrn. In der Abteilung Nummer 17 befindet sich immer noch eine Psychiatrie. Aber in einem Kellerraum versammelt sich heute eine Gemeinde. Wo früher alles ganz dunkel war, ist jetzt Licht. Halleluja, Gloria.

Wo wir auch hingegangen sind, wurde ganz besonders für unsere Geschwister, die in dieser Abteilung arbeiteten, gebetet. Sie sind an diesem Ort und beten den Herrn an. Diese Zeit des Säens war also nicht umsonst. Ich glaube, dass der Herr das Gleiche auch in Ihrem Land tun kann, wenn Sie ihn darum bitten. Amen. Gloria Dios.

Es ist mir sehr, sehr schwer gefallen, diese Menschen zu verlassen. Aber ich freue mich im Herrn. Ich habe viele Menschen gesehen, die geheilt worden sind. Im Brief an die Hebräer, Kapitel 13, Vers 8 heißt es, dass der Herr derselbe ist, gestern, heute und in alle Ewigkeit; Jesus ist derselbe. Derselbe Jesus aus der Vergangenheit, der durch Samarien und andere Orte gereist ist. Derselbe Jesus, der die Leprakranken, die Blinden und die Gelähmten geheilt hat – und der sowohl den Prostituierten als auch den reichen Leuten vergeben hat. Es ist der Jesus, den es immer noch gibt. Gott zeigt uns seine Gnade heute wieder neu. Jetzt in dieser Zeit, allen. Allen Ländern. Christus will uns wirklich segnen!

Als die Israeliten am Roten Meer standen, sagte Gott zu Mose: »Warum rufen sie zu mir? Sag meinem Volk, sie sollen vorangehen.« Und das gilt auch für uns heute: Wenn wir im Vertrauen auf ihn vorangehen, wird er mit uns gehen. Lasst uns aufhören, untätig zu sein und nur zu ihm schreien, sondern wir müssen auch anfangen zu gehen, ja zu marschieren. Denn er geht vor uns her, und zwar als mächtiger Riese.

1993 gab es in Argentinien eine Gesetzesänderung. Da die gefangenen Männer ihre Frauen so selten sahen, waren Vergewaltigungen und Homosexualität in Gefängnissen an der Tagesordnung. Wir haben sehr intensiv um ein Ende dieses Zustands gebetet. Das neue Gesetz ermöglicht es nun den Gefangenen, jeden Donnerstag 12 Stunden mit ihrer Familien zusammen zu sein – 2 Stunden davon haben sie Zeit, als Ehepaar zusammen zu sein, auch intim, wenn die Papiere in Ordnung sind. Dadurch sind viele dieser Probleme gelöst worden.

Olmos, Argentinien, Mai 1997

Niederschrift der Tonbandaufnahme eines Interviews mit Ramón Avalos.

© 1997 by Campus für Christus und Reiseteam Brasilien/Argentinien Mai 1997 unter der Leitung von Fritz Block.

1., unbearbeitete Niederschrift durch GEWA, 3052 Zollikofen, Martin L. Ryser.

Gott und Mensch
hinter Gittern

Warum James Peterson »sauber« bleiben will, wenn er in 18 Monaten aus diesem texanischen Gefängnis entlassen wird? Der Grund ist seine kleine dunkelhaarige, fünfjährige Tochter. Seit Peterson, 38, vor fast zwei Jahren verurteilt wurde, weil er das Geld seines Houstoner Arbeitgebers unterschlagen hatte, hat er Lucy nicht mehr gesehen. Einen auf Pappe geklebten Schnappschuss von ihr, der sie Arm in Arm mit zwei Vorschulfreunden zeigt, bewahrt er dicht neben seinem Kopfkissen auf. Wenn er morgens aufwacht, kann er ihn sehen, noch bevor er seine Brille aufsetzt.

»Ich bete dafür, dass sie mich einmal besuchen kommt«, sagt der große, hagere Verbrecher, der eine Collegeausbildung besitzt. »Sie wohnt nur wenige Meilen von hier entfernt. Aber meine Ex-Frau sagt, Lucy wolle davon nichts hören. Sie ist noch immer sauer auf mich, weil ich weggegangen bin.«

Das ist das, was ihn antreibt, seine *Motivation.* Aber das eigentliche *Hilfsmittel,* das ihn vor einem weiteren Gefängnisaufenthalt bewahrt, könnte *InnerChange* sein, jenes Programm, in dessen Mittelpunkt Jesus Christus steht. Dieses Hilfsprogramm, das in einem Teil einer Haftanstalt in der Nähe von Houston (*Texas Department of Criminal Justice's T. C. Jester II unit*) etabliert wurde, bereitet die Gefangenen auf die Haftentlassung vor.

Der *God Pod* ist ein abgetrennter Trakt des Gefängnisses, den einmal 200 Gesetzesübertreter bewohnen werden. Die *Prison Fellowship* betreibt dieses Projekt für den Staat Texas und ist das bislang größte Experiment dieser Art. Der Staat unterstützt dieses auf Glauben basierende Lösungmodell und ermächtigt die Mitarbeiter zu eigenverantwortlichem Handeln.

Und so hat alles begonnen: Der Staat Texas unternahm eine Ausschreibung für »wertevermittelnde, glaubensneutrale« Programme zur Entlassungsvorbereitung. *Prison Fellowship*, die überaus erfolgreich Gefängnisprogamme in Brasilien und Ecuador durchführt, reagierte auf diese Ausschreibung mit einer Empfehlung für *InnerChange*. Weil Gouverneur George W. Bush besonders für glaubensfundierte Programme eintrat, wurde der Bewerbung von *InnerChange* besondere Beachtung geschenkt. (Eine Entscheidung für derartige Programme hatte er zwei Jahre zuvor getroffen, als ein erfolgreiches Drogenprogramm von *Teen Challenge* in San Antonio unter Beschuss der Behörden geriet.)

Still und umsichtig arbeiteten *Prison Fellowship* und Staatsbeamte die Details eines Zweijahresvertrages aus. Der Staat übernahm weiterhin die Kosten für Wächter, Nahrung und Bekleidung, aber *InnerChange* würde sich um das Programm kümmern sowie um die Leiter, die Freiwilligen und die kirchliche Unterstützung für 200 Gefangene, die weniger als zwei Jahre Haftstrafe vor sich haben.

Alle teilnehmenden Insassen bewerben sich selbst für das Programm und müssen keine Christen sein. Das Programm, das sich jedoch ausdrücklich an der Bibel orientiert, dauert 18 Monate. Wenn die Männer anschließend in die Umgebung von Houston entlassen werden, werden sie weitere sechs Monate von Gemeinden betreut. *InnerChange* nahm im April 1997 mit 37 Gefangenen offiziell seine Tätigkeit auf und weitere 25 kamen im vergangenen Monat hinzu.

Programmdirektor Raymont Roberts, ein ehemaliger Gefängnisvorsteher in Mississippi und Kansas, sagt, er sei nicht überrascht, dass der Staat bereit sei, so viel Autorität an einen christlichen Dienst abzutreten.

»Ich bin nicht überrascht, weil wir in einer verzweifelten Zeit leben«, sagt Roberts, 45, in seinem Büro einer umgewandelten Einzelhaftabteilung.

»Was wir in den Gefängnissen bislang versucht haben, hat nicht funktioniert. Die Rückfallquote liegt landesweit bei etwa 70 Prozent. Wir müssen etwas ändern.«

Er weiß, dass der Staat *InnerChange* genau beobachten wird. »Wir werden nie eine bessere Gelegenheit erhalten zu zeigen, dass das Christentum funktioniert und dass geistliche Veränderung das ist, was diese Insassen wirklich brauchen.«

Erfolg oder Versagen wird auf zweierlei Weise klar zu messen sein: An der Rückfallquote und an den Kosten für den Staat, diese Insassen auch weiterhin in Gefängnissen unterbringen zu müssen. Die ersten Zahlen werden in zwei Jahren erwartet. Eine Vergleichsgruppe von Insassen – Männer mit ähnlicher Herkunft, ähnlichen Delikten und Haftstrafen – wird beobachtet und zu einem Vergleich herangezogen werden.

Für James Peterson und die anderen Teilnehmer des Projektes begann der Tag um fünf Uhr früh. Falls sich irgendein Gefangener für *God Pod* beworben habe in der Erwartung, ein Haufen willensschwacher Gutestuer leite eine Ferienbibelschule, so habe er sich geirrt, sagt Peterson. Es sei eher wie ein Bibeldrillanstalt mit Aufrufen zu Bekehrung und Anbetung anstelle von Gymnastik.

Die meisten texanischen Gefangenen haben reichlich Zeit zum Schlafen und Fernsehen. Nicht so in *InnerChange*. »Wir ziehen das Programm von 5.30 Uhr bis 21.00 Uhr durch«, sagt er. »Und anschließend geben wir noch Hausaufgaben auf. Aber so ist es auch im wirklichen Leben: Du stehst auf, gehst zur Arbeit, kommst heim und hast Verpflichtungen bis in den späten Abend hinein. Und du beklagst dich nicht, dass du nicht genügend Zeit zum Fernsehen hast.« (Übrigens sind 11 der anfänglich 37 Gefangenen nach wenigen Wochen aus dem Programm ausgestiegen. Viele von ihnen gaben mangelnde Fernsehzeit als einen Grund an.)

Um 5.30 Uhr beginnt eine halbe Stunde Bibelstudium und Anbetung; danach verteilen sich die Insassen auf die zugewiesenen Arbeiten (Mitglieder ohne qualifizierten Schulabschluss besuchen stattdessen Fortbildungskurse). Das Mittagessen dauert von 10.00 bis 12.00 Uhr. Es folgen drei Unterrichtsstunden über »Lebensfähigkcit«, die von Freiwilligen gehalten werden. Der Unterricht umfasst Kurse über Elternschaft, die Beziehung zum Ehepartner, den Umgang mit Wut und mit anderen Menschen.

Vor dem Abendessen wird nochmals miteinander in der Bibel gelesen und gesungen. Um 16.00 Uhr gibt es Abendessen; anschließend steht ein Teil des Abends zur freien Verfügung, aber von 19.00 Uhr bis 21.00 Uhr finden wieder Bibel-Kleingruppen statt. An einigen Abenden gibt es spezielle Seminare zu Themen wie zum Beispiel »Frieden schließen mit der Vergangenheit«.

In den letzten sechs Monaten vor der Entlassung verlassen die Gefangenen in Begleitung das Gefängnis, um in der Öffentlichkeit zu arbeiten. Sie säubern Stadtparks und reparieren Wohnhäuser. Einige werden in Gruppen wie der Heilsarmee oder *Habitat for Humanity* integriert. Oft arbeiten sie mit Freiwilligen aus den Kirchen zusammen, die sie auch nach ihrer Freilassung betreuen werden. »Die Arbeit schafft Bindungen zur Gesellschaft und zu den Gemeindemitgliedern«, sagt Programmdirektor Roberts. »Sie fangen an, über jemand anderen als nur sich selbst nachzudenken, und sie können auch christliche Liebe in Aktion erleben. Sie beginnen, über ihre Opfer und deren Familien nachzudenken – viele von ihnen zum allerersten Mal –, und sie hören auf, anderen Leuten die Schuld dafür in die Schuhe zu schieben, wie ihr Leben verlaufen ist.«

Auch James Peterson gesteht ein, dass er niemandem außer sich selbst die Schuld geben kann. »Ich war 15 Jahre lang in der Geschäftswelt tätig, aber plötzlich fand ich mich im Gefängnis von Houston wieder und blickte einer achtjährigen Haftstrafe entgegen. Mir ging auf, dass ich etwas getan hatte, das nicht richtig war.«

Er hat sich nun allmählich an die Hitze in Texas gewöhnt – einige Ventilatoren bewegen die heiße Luft umher, aber das ist keine wirkliche Erleichterung. Er trägt den einheitlichen weißen Baumwollzweiteiler und einen unprofessionellen Haarschnitt, den ein Gefängnisfriseur mit einer elektrischen Haarschneidemaschine geschnitten hat.

Der Schlafraum, in dem er nach dem Mittagessen ausruht, ist eine Halle von der Größe eines Basketballfeldes. Die Wände und Gitter sind dick mit Farbe bedeckt. Wegen der Betonböden und -wände hallt jedes Geräusch krachend durch den Raum, bis sogar die Luft von den Hintergrundgeräuschen verbraucht zu sein scheint. Jeder Mann hat seinen eigenen Schlafplatz, 2,10 x 2,10 m, für sein Bett und seine wenigen Habseligkeiten. Es gibt einige im Boden verankerte Tische, zwei von ihnen mit Schachspielen aus Plastik.

Der *God Pod* ist eine Einrichtung mit minimalen Sicherheitsvorkehrungen. Um sich für das Programm zu qualifizieren, müssen die Insassen zuvor unter Beweis gestellt haben, dass man sich darauf verlassen kann, dass sie sich in den Tagesablauf einfügen – auch bei minimaler Überwachung. Bislang ist nur ein Kampf ausgebrochen und beide Beteiligten flogen daraufhin sofort aus dem Programm hinaus.

Ein paar Betten von Jim Peterson entfernt steht das von Frederick Reed, 30. Er erzählt uns, dass er noch vor wenigen Monaten wahrscheinlich in jedem Kampf mitgemischt hätte. »Ich hatte eine schreckliche Einstellung«, lächelt er, »schrecklich. Aber seitdem ich hier bin, habe ich angefangen, die Bedeutung des Wortes ›Bruderschaft‹ kennen zu lernen. Das ist eine enorme Veränderung für mich.«

Er ist ein junger schwarzer Mann mit einem rasierten Kopf und »Gefängnis-Muskeln«, jener Schwergewichtsstatur, die Insassen entwickeln, die kaum etwas anderes zu tun haben als Gewichte zu stemmen. Frederick, ein dreimaliger Gesetzesübertreter, sitzt seit annähernd sechs Jahren wegen seines letzten Vergehens (Drogenbesitz). Aber Roberts und die anderen Mitarbeiter des Programmes sahen von Anfang an mehr in Frederick. Sie beförderten ihn in eine Leitungsposition als Mitgliederpräsident und fanden einen ehrenamtlichen Betreuer für ihn.

»Gott arbeitet mit mir«, sagt Frederick. »Es ist nicht einfach. Ein Kurs ist besonders hart für mich; er nennt sich ›Bedeutungsvolle Selbstgespräche‹. Es gab, es *gibt* immer noch einige Dinge an mir, denen ich mich nicht unbedingt stellen will. Ich war selbstsüchtig. Ich war undankbar. Wenn ich ein Problem hatte, dann wurde ich handgreiflich.«

Aber *InnerChange* habe ihm etwas gezeigt, das er nicht erwartet habe, fügt er hinzu: biblische Liebe. »Früher dachte ich, die gesamte Gesellschaft sei gegen mich. Wenn ich mich nicht selbst um mich und meine Angelegenheiten kümmern würde, täte es niemand sonst. Aber hier gibt es jetzt solche Leute … Für sie bin ich mehr als ein dreifacher Verlierer.«

Mehr als 20 Jahre lang hat Raymond Roberts in Besserungsanstalten gearbeitet. Er war Vorsteher im Zuchthaus bei Parchman im Staate Mississippi (wo John Grishams Bücher »Die Jury« und »Die Kammer« spielen) und im Gefängnis von Kansas, in der Nähe von Lansing. Er kennt seinen Job. Zugleich ist er ein hingegebener Christ, der oft lächelt und die Namen, Familien und Herkunft der von ihm zu betreuenden Insassen kennt. In seinem Büro hängen zwei Bilder: Eines ist ein gerahmtes Foto von John Wayne und das andere ein auf schwarzen Samt gemalter Weißschwanzbock.

»In einer Besserungsanstalt funktionieren nach meiner Erfahrung nur zwei Dinge; eines davon ist das Alter. Wenn ein Mann älter wird und der Testosteronspiegel zu sinken beginnt, dann verringert sich seine Neigung, Verbrechen zu begehen. Die einzige andere Sache ist eine ernsthafte Bekehrung.«

Um sicher zu gehen, fügt er hinzu, helfen Bildung und berufliche Förderung, 12-Schritte-Programme und Verhaltensänderungskonzepte, aber nur dann, wenn der Verbrecher in seinem Inneren einen echten Wandel vollzogen hat.

Immer mehr Studien bestätigen seine Beobachtungen. Die neueste erschien im vergangenen Frühling. Zwei Gruppen von Insassen in New Yorker Gefängnissen wurden im Anschluss an ihre Entlassung beobachtet. Die erste Gruppe von 201 Insassen hatte zehnmal im Jahr oder häufiger an Bibelkreisen teilgenommen, die zweite Gruppe von 201 Gefangenen nicht. Nach ihrer Freilassung wurden 41 % derer, die nicht an Bibelkreisen teilgenommen hatten, rückfällig, aber nur 14 % der Bibelkreisteilnehmer.

Die Untersuchung wurde vom konservativen Nationalen Institut für Gesundheitsfürsorge und Forschung unterstützt und von Byron Johnson, einem Kriminologen der Universität von Lamar, geleitet. Johnson wird in absehbarer eine vergleichbare Studie mit den *God Pod*-Absolventen durchführen.

Es sei ein fairer Test, sagt Roberts von *InnerChange*, denn die Organisation arbeitet mit einem repräsentativen Querschnitt von texanischen Insassen. »Wir haben keine Vorzeigeinsassen ausgewählt. Wir haben Typen, die dreimal im Knast gewesen sind, einige viermal, ein Typ sogar sechsmal. Wir haben Drogenhändler, Diebe, Mörder und einen Gebrauchtwagenhändler. Diese Typen sind wirklich eine Zufallsmischung.«

Prison Fellowship wird etwa 425 000 US-Dollar jährlich investieren, um das Programm durchzuführen, und das mit höchstens sechs bezahlten Mitarbeitern. Wie bereits gesagt, ist dieses texanische Programm nicht der erste Versuch von *Prison Fellowship*, eine Besserungsanstalt zu betreiben. Seit 1973 arbeitet die Organisation in einem Gefängnis in Brasilien und verringerte die Rückfallquote dort auf weniger als 5 %. Gegenwärtig gibt es ein ähnliches von *Prison Fellowship* geleitetes Gefängnis in Ecuador.

Der pensionierte Feuerwehrmann Don Bentley ist der Verwalter von *InnerChange*. Er fungiert auch als Pastor für die Männer und predigt sonntags in der Abteilungskirche. Er begann als freiwilliger Helfer bei *Prison Fellowship* und stieg allmählich in eine Vollzeit-Position auf. Er lächelt und grüßt Wärter und Gefangene auf ein und dieselbe Weise und redet gern davon, welch einen tollen Job er jetzt habe.

Es ist erst 10.15 Uhr morgens, aber Bentley isst bereits in der Kantine zu mittag, wo er sich frisches Gemüse, Makkaroni und ein Fisch-Pastetchen auf sein Tablett stellen lässt. Der Koch ist ein riesiger Mann mit Händen von der Größe eines Kleinwagens. Nachdem er einen Teller gefüllt hat, nimmt er ein winziges, feines Neues Testament zur Hand, um darin zu lesen. Es wirkt komisch und Bentley kichert.

»Aber ist Gefängnisdienst nicht ein schwieriger Job?«, frage ich. Denn ihren Erfolg sehen die beteiligten Personen nicht, da er darin besteht, dass sie nicht wiederkommen.

Bentley denkt einen Augenblick lang darüber nach, dann zitiert er als Erfolgsbeispiel den *Prison Fellowship*-Direktor der Region Houston. »Er saß während meiner dortigen Amtszeit in der Ramsey II. Abteilung in Rosharon, Texas, ein. Damals war er ein Gefangener. Jetzt ist er ein Doktor der Theologie. Ja, manchmal sehe ich die Erfolge.«

Der dritte Mitarbeiter von *InnerChange* ist Tommy Dorsett, ein ehemaliger Bewährungshelfer mit der Figur eines Athleten. An diesem Nachmittag leitet er einen Orientierungskurs für die neueren Insassen. Er steht neben einem abgenutzten Altar in einem mit harten Bänken und erschöpften Insassen gefüllten Klassenraum.

Es ist Freitag und Dorsey rundet den Lehrstoff der Woche mit seiner Lebensgeschichte ab. Als ihr Lehrer von seiner Verwicklung in Drogengeschäfte und Verbrechen berichtet und wie er zum Glauben an den Gott seiner Kindheit zurückfand, horchen plötzlich jene Mitglieder wieder auf, die zuvor unaufmerksam oder nahezu eingeschlafen waren.

Im hinteren Teil der Bankreihen flüstert ein Teilnehmer namens Keith einem anderen zu: »Als ich ihn zum ersten Mal sah, sagte ich, dieser Bruder sei nie wegen irgendwas in Schwierigkeiten gewesen. Ich bin froh, dass es anders ist. Denn es zeigt, dass aus allem etwas Gutes entstehen kann.«

Dorsett erklärt später: »Am schwierigsten ist es für die Gefangenen, die Insassen-Mentalität zu überwinden. Die Typen spüren, dass die anderen Typen hier ihnen nicht helfen können. Sie sitzen schließlich im selben Boot; sie sind auch eingesperrt. Sie müssen zu sich selbst und zueinander ehrlich werden, ihre Schwachstellen preisgeben und stark genug sein, sich ihnen zu stellen. Es ist nicht einfach.« Dorsett lächelt und fährt fort: »Aber das müssen wir letztlich alle tun. Ich sage ihnen, dass ich nicht anders bin, und diese Freiwilligen sind auch nicht anders. Und das ist wahr.«

aus: *World*, 9. August 1997, S. 14-17.

ÜBER DIE AUTOREN

Michael Richardson ist Missionar von *Harvest Evangelism, Inc.* Zusammen mit seiner Frau und seinen Kindern engagiert er sich seit sieben Jahren in Argentinien. Er leitete Seminare und arbeitet derzeit an einer Doktorarbeit am *Fuller Seminary*. Während seiner Zeit in Argentinien hatte er Kontakt zu vielen der dynamischen Dienste, die in diesem Land aufblühen. Auch dient er als Ko-Pastor einer Baptistengemeinde im Großraum Buenos Aires.

Juan Zuccarelli lebt mit seiner Frau María und ihren Kindern in der argentinischen Stadt La Plata, wo Juan eine Gemeinde der *Assemblies of God* leitet. Momentan dient er als Leiter der Gefängnisgemeinde *Christ the Only Hope* im Gefängnis Olmos. Als Gefängnisangestellter und Verantwortlicher für die nichtkatholischen Inhaftierten gibt er den Pastoren und Leitern der Gefängnisgemeinde täglich Richtungsweisung. Sein Gefängnisdienst weitet sich drastisch aus, sowohl auf nationaler als auch auf internationaler Ebene, während die Nachricht von dem Wunder von Olmos wie ein Lauffeuer um die Welt geht.

Riesiger Wasser- und Kontrollturm im Zentrum des Gefängnisareals.

Blick aus einer der Gefängniszellen auf den Wasserturm.

Gottesdienst im Gefängnishof.

Lobpreiszeit in der katholischen Kirche von Olmos.

Links: Ramón Rosendo Avalos, Pastor in der Olmos-Gemeinde und Strafgefangener.

Rechts: Daniel Oscar Tejeda, früher Wärter in Olmos. Jetzt ist er Christ und Sicherheitschef in einem Gefängnis für alte Männer.

Links: Mario Eduardo Albanese, zur Zeit Direktor von Olmos.

Rechts: Juan Juccarelli.

Wenn Sie mehr Informationen haben möchten oder diesem Dienst Unterstützung zukommen lassen wollen, wenden Sie sich bitte an:

Harvest Evangelism Inc.
P. O. Box 20310
San José, California 95160-0310, USA

Telefon: (408) 927-9052 Fax: (408) 927-9830